KB159746

채식하는 이유

황윤, 최훈, 안백린,
전범선, 이의철 지음

기후 위기 시대, 나만의 채식 재밌게 해 보기

채식하는 이유

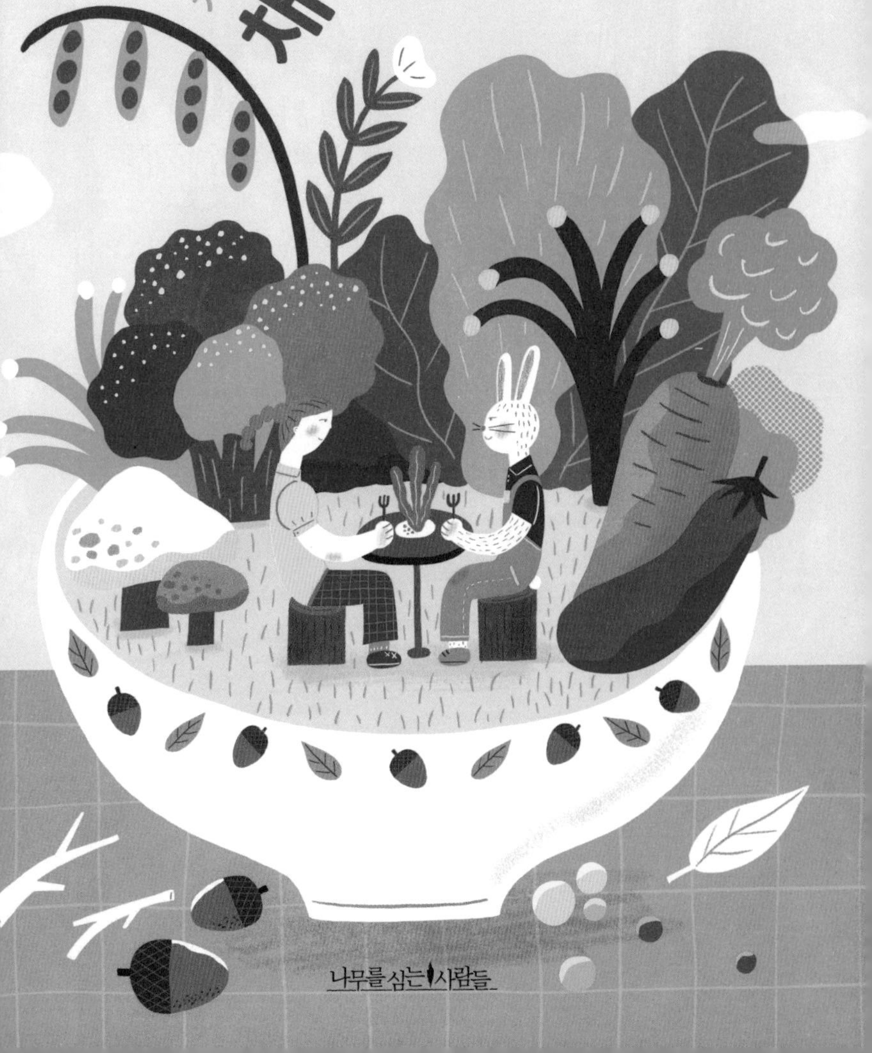

나무를 심는 사람들

즐거운 마음으로 채식을 할 수 있다

김성한(전주교육대학교 윤리교육과 교수)

참 멋진 책입니다. 그리고 기다렸던 책입니다. 엄청나게 빠른 속도로 채식과 동물권에 대한 관심이 늘어났음에도 막상 이 문제에 대해 국내의 전문가들이 쓴, 다가가기 쉬운 책은 흔치 않았습니다. 이 책은 무엇보다 구성 면에서 상당한 장점을 가지고 있습니다. 간단하게 몇 마디만으로 채식을 하도록 설득하긴 정말 어렵습니다. 그만큼 여러 이야기들을 해야 하고, 논리 또한 체계적이면서 설득력이 있어야 하죠. 이 책은 여러 사람들이 쓴 글을 묶어 놓았음에도 전체적인 유기성을 견지하면서 채식으로 수렴되는 하나의 메시지를 강력하면서도 순차적으로 전달하고 있습니다.

맨 앞에 나오는 황윤 감독님의 글은 사람들이 즐겨 먹는 동물들이 살아가는 실태를 잘 드러내 보여 줍니다. 특이한 것은 저자의 글쓰기 방식인데요. 어린 아이를 키우고 있는 엄마로서의 독특한 감정 이입 방식은 공장식 농장에서 살고 있는 동물들의 고통을 더욱 구구절절하게 느낄 수 있게 합니다. 아무리 감정이 메마른 사람이라 해도 공감을 자연스레 유발하는 이 글을 읽다 보면 동물들의 고통을 그저 나와 상관없는 대상의 고통으로 치부해 버리기 힘들 겁니다.

다음으로 최훈 교수님은 왜 동물들에게 관심을 가져야 하는지에 대한 윤리적인 이유를 조목조목 설명해 줍니다. 우리가 어떤 것을 해야 할지를 결정할 때 가장 중요한 것은 옳고 그름에 관한 윤리적인 판단인데요. 저자는 윤리적인 기준으로 따져 보았을 때 우리가 동물들에게 일정한 도덕적 지위를 부여하지 않을 수 없고, 이에 따라 채식을 해야 한다고 말합니다.

사실 위 두 글에 담긴 내용만으로도 우리가 채식을 해야 한다고 말할 수 있을 겁니다. 하지만 책은 한 걸음 더 나아갑니다. 우리가 채식을 하지 않을 수 없도록 채식 음식이 아주 맛있고, 만들어 볼 만한 것임을, 채식을 하는 것이 환경 보존과 직접적인 관련이 있음을, 그리고 채식이 건강에 분명 도움이 됨을 알려 주고 있죠. 사람들이 일반적으로 자신에게 이익이 되어야 움직이려는 경향이 있음을 감안한다면 저는 다음에 이어지는 글들이 채식이라는 실천을 이끌어 내기 위한 아주 훌륭한 시도라고 생각합니다.

사람들에게 채식을 떠올려 보라 하면 맛없는 채소를 한가득 쌓아 놓고 우적우적 씹어 먹는 장면을 떠올리는 경우가 많습니다. 하지만 세 번째 글의 저자인 안백린 대표님은 우리가 정말 즐거운 마음으로 채식을 할 수 있음을 보여 주면서, 아직도 우리 사회에서 소수자라 할 수 있는 채식주의자로서, 또한 채식 요리 셰프로서의 고민을 현실감 있게 드러냅니다. 채식이 맛이 없을 것이라는 생각을 가진 분이라면 이 글을 통해 그것이 편견임을 확인할 수 있을 겁니다.

가수이자 작가인 전범선 님은 채식이 환경 문제와 직접적으로 관련이 된다는 사실을 명쾌하게 설명하면서, 채식이 단순히 환경에 도움이 된다는 차원을 넘어 우리가 무엇을 지향해야 하는지에 대한 근본적인 물음을 제기합니다. 이를 바탕으로 왜 채식을 해야 하는지, 또한 환경을 위해 무엇을 해야 하는지를 역설하며 어떤 마음가짐으로 세상을 살아가야 할 것인지를 말해 줍니다.

이의철 원장님의 자연식물식에 대한 마지막 글은 채식과 건강의 문제를 다루고 있습니다. 사람들이 육식을 포기하지 않으려 하면서 거론하는 여러 내용을 건강 전문가의 입장에서 이해하기 쉽게 요목조목 알려 주고 있는데요. 건강 때문에 채식을 못하겠다는 분들은 꼭! 읽어 봤으면 합니다. 개인적으로 건강 문제에 대해서는 전문가들마다 의견이 달라 어느 한쪽 편을 들 수 있는 처지가 아니었는데, 이 글을 통해 채식이 건강에 도움이 된다는 확신을 가질 수 있게 되었습니다.

일단 그냥 한 번 읽어 보세요. 채식에 대한 최종적인 판단은 여러분의 몫으로 남겨 두겠습니다~^^*

차례

나는 누구를 위한 비건 셰프인가?

채식 요리 안백린(천년식향 대표, 철학자 셰프)

자연 생태계를 살리는 채식

기후 위기와 채식 전범선(가수, 작가)

건강을 위해서 자연식물식

건강과 채식 이의철(LG에너지솔루션 기술연구원 부속의원 원장)

나는 왜 돼지의 삶이 궁금해졌을까?

공장식 축산

황윤(다큐멘터리 감독)

돼지를 본 적이 있나요? 고기 말고, 저금통 말고, 살아 있는 진짜 돼지 말이에요. 저는 다큐멘터리 영화 〈잡식가족의 딜레마〉를 만들면서, 난생처음 돼지를 만났어요. 돼지를 만난 후 제 인생은 달라졌습니다. 물론 좋은 쪽으로요. 이제부터 그 이야기를 해 볼게요.

　영화를 만드는 제가 주로 관심을 갖는 주제는 동물입니다. 그중에서도 야생 동물에게 관심이 많았어요. 동물원 철창 안에 평생 감금되고, 무분별한 개발에 서식지를 빼앗기고, 로드킬로 희생되는 야생 동물들의 현실이 안타까워 이런 주제로 영화를 만들어 왔어요.

　소, 돼지, 닭, 오리 등 가축 혹은 농장 동물에 대해서는 관심이 없었어요. 돈가스와 치킨을 먹으며, 멸종으로 몰리는 북극곰, 코끼리, 호랑이의 현실에 눈물을 흘렸죠.

돼지를 만난 후
달라진 내 인생

어린 아들을 키우며 바쁜 나날을 보내고 있던 2011년 초. TV와 라디오에서 구제역 살처분 뉴스가 흘러나왔어요. 수백만 마리의 돼지와 소들이 산 채로 구덩이에 파묻히며 비명을 지르는 모습을 인터넷에서 보고 큰 충격을 받았습니다. 인간이 천벌을 받을 것 같다는 두려움도 들었죠. 그런데 아이에게 보여 주는 그림책 속에서는 돼지들이 푸른 초원에서 해맑게 뛰어놀고 있었어요. 이전까지는 아무렇지 않게 보던 그림이 처음으로 낯설게 느껴졌어요. 저는 가축들이 실제로도 그림책 같은 푸른 초원에서 사는지, 아니라면 어떤 곳에서 사는지 처음으로 궁금해지기 시작했어요.

'고기' 혹은 '유제품'으로만 생각했던 그들의 삶이 처음으로 궁금해지기 시작한 것입니다. 그때 깨닫게 된 사실이 있었어요. 제가 그때까지 평생 단 한 번도 살아 있는 돼지를 본 적이 없다는 사실 말입니다. '돼지는 흔한 동물인데 나는 왜 돼지를 본 적이 없지?', '저 많은 돼지고기는 다 어디서 오는 걸까?', '우리는 왜 돼지를 먹어서 돼지가 우리 몸의 일부가 되는데도 그들을 저렇게 폭력적으로 대할까?' 여러 가지 질문이 동시에 떠올랐어요.

그리고 이런 의문이 들었어요. '만약 돼지들을 저렇게 살처분하듯 개를 매장한다면, 사회적으로 용납이 될까? 개에 대한 폭력을 멈추라고 사람들이 시위를 하겠지? 그런데 왜 돼지에 대한 폭력은 '어쩔 수 없는 일'로 간주될까?' 저는 어릴 때부터 개와 고양이를 사랑했고 어른이 되어서는 반려동물에 대한 사랑이 야생 동물로 확장됐지만, 막상 제 식탁 위에 놓이는 동물들에 대해서는 철저히 무관심했던 제 안의 이중성을 발견했어요. 저만 그런 것 같지는 않고 대부분의 사람들이 대체로 그렇다는 생각에 이르자, 그런 차별이 어디서 기인하는지 알고 싶었습니다.

또 엄마로서 윤리적인 고민이 시작됐어요. 병에 걸렸다고, 또 병에 걸릴 가능성이 있다고 저렇게 잔인하게 매장된다면, 평소에는 어떤 환경에서 어떤 취급을 받으며 사육이 될까? 소, 돼지가 잔인하게 매장되는 현실을 외면한 채 '어쩔 수 없는 일'로 치부하거나 '돼지와 소는 그저 식재료일 뿐이니 모른 척하고 먹기나 해'라고 아이에게 말할 수 없었어요. 장바구니에 고기를 담아야 할지 말아야 할지 너무

"고기가 뭐야?"라고 묻자 어린 아들은 대답했다.
"엄마 닭이 낳은 빵이야." 어린이들은 고기가 한때
살아 숨 쉬는 동물이었다는 것조차 모른 채 육식에 길들여져 간다.
(영화 〈잡식가족의 딜레마〉 스틸. 황윤 감독, 시네마달 제공)

고민이 됐습니다.

엄마로서 갖게 된 또 다른 고민은 음식과 건강에 대한 고민이었습니다. 돼지와 소, 닭, 오리는 무엇을 먹으며 어떻게 사육될까? 가축들이 좋은 환경에서 좋은 것을 먹고 사육되는 것이 아니라면, 그 가축을 먹는 사람도 건강할 수 없음은 당연한 이치였습니다. 내 아이의 입에 들어가는 동물들이 어디서 어떻게 사육되는지 알고 싶었습니다. 이것은 나만의 고민이 아니라 많은 엄마들의 고민이자, 건강하게 살고 싶은 모든 사람들의 고민일 거라는 생각이 들자, 저는 다큐멘터리 영화를 만들기로 했어요.

카메라를 들고 돼지가 사육되는 곳에 직접 가 보기로 했습니다. 아들 도영이는 돼지 인형, 돼지 그림책 등 실제 돼지가 아닌 이미지로서의 돼지만을 접하며 자라고 있었습니다. 아이에게 '진짜 돼지'를 보여 주고 싶었습니다. 한 손에는 카메라를, 한 손에는 아이 손을 잡고 돼지를 찾아 길을 떠났습니다. 돈가스 마니아의 돼지 찾아 삼만 리. 국내 최초로 돼지의 일상을 가까이에서 기록한 다큐멘터리 영화 〈잡식가족의 딜레마〉는 이렇게 시작되었습니다. 이 영화를 만들면서 저는 돈가스보다는 돼지를 좋아하게 되었는데,

그러자 제 인생은 이전과는 전혀 다른 쪽으로(아주 흥미진진하고 좋은 쪽으로) 방향 전환을 하게 되었습니다. 돼지가 제 은인인 셈입니다.

어서 와, 돼지우리는 처음이지?

가깝고도 먼 동물, 돼지. 돼지는 우리 식탁 위에 자주 놓이지만 그들의 삶은 의외로 잘 알려져 있지 않습니다. 여러 가축 중에서도 돼지를 주인공으로 한 이유는 돼지의 모순 세 가지를 떠올리게 됐기 때문이에요.

첫 번째 모순. 돼지는 흔한 것 같은데 잘 보이지 않습니다. 그 이유는, 그들이 예전처럼 농촌의 집이나 '농장'에서 살지 않고, 밀폐된 '공장'에서 사육되고 있기 때문입니다. 저는 이 사실을 영화를 만들며 처음 알게 됐어요.

두 번째 모순. 우리는 돼지에 대해 잘 안다고 생각하지만, 돼지가 어떤 동물인지 실은 잘 모릅니다. '돼지' 하면 사람들은 더럽다, 미련하다, 게으르다, 식탐이 많다 등등 부정적인 이미지를 떠올리죠. 저도 그랬습니다. 그런데 실제로 돼지를 가까이에서 보니, 돼지는 깨끗하고, 영리하며, 적당히 먹을 만큼만 먹었습니다. 오히려 과하게 먹고 소화제를 먹는 동물은 지구상에 인간밖에 없지요. 세상에서 가장 많이 오해받는 동물이 돼지라는 생각이 들었습니다.

돼지에 관한 세 번째 모순. 사람들이 돼지를 먹어서 돼지가 우리 몸과 정신의 일부가 됨에도, 사람들은 돼지를 미워하고 무시하고 혐오합니다. 더럽고 탐욕스러운 사람을 돼지로 비유하며 "돼지 같은…"이라고 욕합니다. 이 얼마나 모순된 일인가요? 자신의 일부가 되는 존재를 혐오의 대상으로 삼다니 말입니다.

영화를 만들며 책과 자료를 통해 돼지에 대해 알아보고 또 직접 가까이에서 관찰하면서, 그동안 제가 돼지에 대해 안다고 생각했던 것이 오해이거나 편견이었음을 깨달았습니다. 돼지는 자는 곳과 똥 싸는 곳을 새끼 때부터 척척 가릴 정도로 깔끔한 동물입니다. 동물학자들의 연구에 의하면, 개 못지않게 지능이 높다고 하죠. 지능이 높다는 건, 그만큼 단조롭고 지루한 환경을 견디기 어려워한다는 뜻이기도 합니다. 그래서 유럽의 동물 복지 농장들은 돼지에게 장난감을 주기도 하고, 밀짚을 제공하도록 되어 있습니다. 생태형 동물원에서 필수로 하는 일종의 '행동 풍부화' 도구인 셈인데요. 제가 촬영한 생태 농장에서도 국내에서 드물게 돼지에게 볏짚을 제공했습니다. 돼지들은 볏짚을 던지며 놀기도 하고, 심심할 때 껌처럼 씹기도 하고, 추울 때 이불처럼 덮기도 하고, 무서울 때나 장난칠 때 들어가 숨는 등 다양한 용도로 볏짚을 활용합니다. 그리고 놀랍게도, 엄마 돼지들은 출산이 가까워지면 볏짚으로 푹신한 둥지를 만듭니다.

주인공 돼지를 섭외해야 하는 저는, 농장과 공장 중 우선 농장을 찾아보기로 했습니다. 돼지를 돼지답게 기르는 소규모 생태 농장을 찾아 전국을 헤맸고, 마침내 강원도 한 산골 농장을 찾았습니다. 돼지에게 유기농 곡물 사료와 채소, 야생초를 주고, 놀거리로 볏짚을 제공하는 이곳은 돼지의 '돈격'을 생각하는 보기 드문 농장이었지요. 철학자 같은 농장주에게 돼지들의 기본권이 무엇인지 묻자 이렇게 답하셨습니다. "마음대로 먹고 자는 거지. 기분 좋게."

호랑이에 대해서라면 할 말이 많아도 돼지에 관해서라면 일자무식이었던 저는, 진심 영광스럽게도 돼지우리에 초

돼지는 매우 영리한 동물이고, 단조로운 환경에서 큰 스트레스를 받는다.
돼지들의 기본권과 '돈격'을 생각하는 농장에서는 돼지들에게 볏짚을 준다.
새끼 돼지들은 볏짚을 씹고 던지며 놀고, 추울 때 이불처럼 덮기도 한다.
또 볏짚은 돼지들이 무섭거나 위협에 처했을 때 은신처가 되기도 한다.
엄마 돼지들은 새끼들이 거세당할 때 격하게 저항하며 볏짚 속에 새끼들을 숨겼다.
(영화 〈잡식가족의 딜레마〉 스틸. 황윤 감독, 시네마달 제공)

엄마 돼지 십순이를 지켜보며 내가 아기를 낳고 젖 주던 순간들이 떠올랐다.
엄마 돼지들은 사람 엄마와 다르지 않은 지극한 사랑으로 새끼들을 보살폈다.
(영화 〈잡식가족의 딜레마〉 스틸. 황윤 감독, 시네마달 제공)

대되어 그들의 숨결을 가까이에서 지켜보면서 이들이 얼마나 놀라운 존재인지, 돼지가 얼마나 사람과 비슷한 점이 많은지 알게 되었습니다.

엄마 돼지 십순이가 이틀에 걸쳐 산고를 이겨 내며 출산하는 모습을 보며 저의 출산이 떠올랐습니다. 십순이가 낳은 여덟 마리 새끼 돼지 중 막내에게 저는 돈수라는 이름을 붙여 주고 자라는 모습을 지켜보며 카메라에 담았습니다. 까만 속눈썹을 내리깔고 엄마 젖을 먹다가 쌔근쌔근 잠들던 사랑스런 아기 돼지 돈수는 제 품에 안겨 잠이 들던 아기와 다를 바가 없었습니다.

십순이를 보면서, 사람 엄마와 돼지 엄마의 차이를 느끼지 못했습니다. 십순이는 새끼들의 응석을 받아 주고, 새끼들이 젖 먹을 때 행복한 꿀꿀 소리를 냈죠. 제가 아기와 놀아 주고 아기에게 젖을 주며 행복했던 것처럼요. 엄마 돼지들은 새끼가 위험에 처했을 때 새끼를 볏짚 속에 숨기며 필사적으로 저항했습니다. 사람 엄마들이 아기를 위험으로부터 지키기 위해 자신의 모든 것을 던지는 것처럼요. 엄마 돼지들은 새끼들과 억지로 분리됐을 때 몹시 슬퍼했습니다. 사람 엄마가 아이와 강제로 분리됐을 때 견딜 수 없어

돼지들은 야생초를 좋아하는 미식가였다. 그리고 들판에서 뛰어노는 걸 좋아했다.
돼지들은 나에게 다가와 팔꿈치를 코로 건드리며 호기심을 표현했다.
아들이 말했다. "엄마, 돼지가 나 사랑한대. 돼지가 꿀, 고맙다고 해."
(영화 〈잡식가족의 딜레마〉 스틸. 황윤 감독, 시네마달 제공)

하는 것처럼요.

제가 지켜본 돼지들은 각자 다른 생김새만큼이나 성격이 달랐고, 신선한 야생초를 좋아하는 미식가였고, 무더운 여름에 물웅덩이에서 몸을 식히는 것을 좋아했고, 좁고 단조로운 환경에서 지겨워하고, 들판에서 친구들과 몰려다니며 뛰어노는 것을 좋아했습니다. 그리고 죽음 앞에 두려워했습니다. 우리, 사람처럼요.

여섯 살 도영이와 제가 야생초 꽃을 따서 돼지들에게 주자, 돼지들이 다가와 코로 제 팔꿈치를 툭툭 건드리며 관심을 표현했습니다. 도영이가 말했습니다. "엄마, 돼지가 나 사랑한대. 돼지가 꿀, 고맙다고 해."

저는 제가 이름을 부르고 눈을 마주쳤던 이들, 사람과 다르지 않은 희로애락의 감정을 가진 생명들을 더 이상 식재료로 볼 수 없게 되었습니다.

그런데 이런 생태적인 농장은 전국 돼지 농장의 0.1%도 되지 않습니다. 연간 1700만 마리가 넘게 도살되는 국내 돼지들의 99.9%는 '돼지 공장' 즉 공장식 양돈 농장에서 사육됩니다.

새끼 찍어 내는
돼지 공장

　공장식 양돈 농장은 촬영 허가를 받기가 무척 어려웠습니다. 그러나 뜻이 있는 곳에 길이 있는 법이죠. 많은 노력 끝에 드디어 한 곳에서 촬영 허가를 받았습니다. 제가 간 곳은 1만 8000마리의 돼지를 사육하는 곳이었습니다. 문을 열고 들어갔을 때, 오감으로 받았던 충격을 지금도 잊을 수 없습니다. 수천 마리 암돼지들이 자신의 몸에 딱 맞는 감금틀에 갇혀 있었습니다. 그들이 내던 절망적인 울음소리, 밀폐된 축사 안에 가득했던 후끈한 열기, 그리고 상상을 초월하는 악취⋯. 저는 마치 SF 영화의 한 장면 속에 들어가 있는 것 같은 기분이었습니다.

　암돼지들은 몸을 돌릴 수도 없는 '스톨'이라는 감금틀에 갇혀 평생을 보내며 자신의 의지와 상관없이 인공 수정으로 임신되고, 분만틀에 갇혀 새끼를 낳고, 새끼를 빼앗기고, 이 사이클을 반복하다가 새끼 낳는 '성적'이 떨어지면 도살장으로 보내집니다. 수돼지들은 유전자 변형 사료를 먹으며 초고속으로 비육되어, 아직 어린 생후 6개월 즈음 도

공장식 양돈 농장에서 암퇘지들은 '스톨'이라는 감금틀에 갇힌 채
임신과 출산을 반복하다가 새끼 낳는 '성적'이 떨어지면 도살장으로 보내진다.
(영화 〈잡식가족의 딜레마〉 스틸. 황윤 감독, 시네마달 제공)

살장으로 보내집니다. 새끼 돼지들은(스트레스로 서로 무는 것을 막기 위해) 꼬리와 송곳니를 잘리고, 수퇘지는 거세됩니다. 이 모든 과정에 마취는 없습니다. 고환이 적출될 때 새끼들은 무척 고통스러워하고 일부는 과다 출혈로 죽습니다.

영화에서 양돈 농장 관계자는 이렇게 말합니다. "여기는 새끼 찍어 내는 공장이에요. 사람들이 동물 복지 얘기하는데, 그럼 고기 먹지 말아야 돼요." 맞는 말이라는 생각이 들었습니다. 소비자가 고기를 값싸게 많이 먹기를 원하면서 동물 복지를 요구하는 건 모순이라는 생각이 들었어요. 한국에서만 연간 1700만 마리 돼지, 10억 마리 가량의 닭이 고기로 소비되고 있습니다. 이렇게 많은 수의 가축을 동물 복지 방식으로 사육하는 것은 불가능한 일이겠죠. 사람들이 고기를 많이 먹으면 사육도 공장식으로 할 수밖에 없습니다. 공장식 축산이 동물 복지 농장으로 바뀌길 바란다면 일단 적게 먹고 적게 키워야 합니다.

자, 이쯤 되면 여러분은 딜레마에 빠질 겁니다. 고기를 포기하자니 돈가스가 눈에 아른거리고, 돼지들의 현실을 모른 척하자니 마음이 불편하고. 어떻게 해야 할까요?

딜레마를 풀기 위해, 우리는 동물에 대한 폭력이 어떻게 인간에 대한 폭력으로 이어지는지 이해할 필요가 있습니다.

뫼비우스의 띠:
폭력의 악순환

역사학자 찰스 패터슨의 책 『동물 홀로코스트』를 보면, 동물에 대한 착취와 인간에 대한 착취가 서로 긴밀히 연관되어 있음을 알 수 있습니다. 저자가 역사에서 발견한 패턴은 이렇습니다.

먼저 인간이 동물을 노예화하고 착취합니다. 인간은 동물에게 했던 행동을 다른 사람들에게 합니다. 강자 인간이 약자 인간을 대하는 폭력은 다시 동물에게 반복됩니다. 폭력이 뫼비우스의 띠처럼 계속됩니다. 저자는 폭력의 뿌리를 쫓아 1만 1000년이라는 시간을 거슬러 올라갑니다. 1만 1000년 전은, 채집과 수렵으로 살았던 인류가 염소와 소를 사육하여 그들의 살, 젖, 가죽, 노동력을 빼앗기 시작한 시점입니다.

수십만 년 동안 야생과 수평적 관계에 놓여 있던 인간은, 야생 동물을 가축화하고 노예화하는 시점부터 자연을 '통제와 이용'의 대상으로 바라보기 시작했습니다. 동물을 길들이고 소유하는 목축 문화는 더 많은 가축과 방목지를 소유하기 위해 전쟁을 했습니다. 자본capital이라는 단어는 소와 양의 '머리'를 뜻하는 라틴어 카피타capita에서 유래했습니다.

인간이 동물을 대하는 방식은 인간이 인간을 대하는 방식을 바꿔 놓았습니다. 동물을 통제하려고 사용하는 방식들, 즉 거세, 낙인, 족쇄, 채찍질이 인간 노예를 통제하기 위해서도 사용됐습니다. 아메리카 식민지에서는 백인에게 저항하거나 도망가는 흑인들을 거세했습니다. 황소와 종마의 성깔을 거세로 누르듯이, 흑인들을 거세로 제압한 것입니다. 스페인 사람들은 인디언 노예가 새로운 주인에게 팔릴 때마다 얼굴에 글자를 새겼습니다. 동물의 예속화는 인간 역사에서 이전엔 결코 볼 수 없었던 억압적 위계 사회를 만들고 전쟁을 촉발시켰습니다.

동물과 식물의 유전적 형질을 이용해 품종을 개량하

는 육종학은 '인종 개량학'인 우생학으로 이어졌고, 우생학은 나치즘의 토양이 되었습니다. 20세기 초 미국은 '사회에 부적합한 인간'의 출산을 합법적으로 제한했고, 광범위한 단종 수술을 실행했습니다. 독일은 미국을 지도자 국가로 삼고 '인종 청소'를 강행했습니다. 그것이 유대인 학살, 즉 홀로코스트입니다. 〈잡식가족의 딜레마〉를 만들 때, 구제역 살처분에 동원된 공무원들을 만나 인터뷰했습니다. 그들은 말했습니다. "우리가 나치와 뭐가 다르냐"라고.

세계적인 역사학자 유발 하라리는 〈가디언〉지 칼럼에서 "공장식 축산은 역사상 최악의 범죄 중 하나다"라고 했습니다. 비폭력 평화 운동의 상징인 마하트마 간디는 이런 유명한 말을 남겼죠. "한 사회가 도덕적인 사회인지를 보려면 그 사회가 동물들을 어떻게 대하는지 보면 알 수 있다." 약자에 대한 폭력은 서로 연결되어 있어서, 동물들에게 잔인한 사회는 어린이, 여성, 장애인 등 사회적 약자들에게도 폭력적이고, 동물들을 친절하게 대하는 사회는 인간 약자에게도 친절한 사회일 가능성이 높습니다. 평화롭고 정의로운 세상을 바랄 때 가장 먼저 들여다보고 멈춰야 하는 것은 바로 비인간 동물들에 대한 폭력입니다.

동물들의 편에서
생각해 보기

황선미 작가의 원작 소설을 바탕으로 만들어진 애니메이션 영화 〈마당을 나온 암탉〉에서 주인공 암탉 잎싹이는 숲으로 가기 전에 어떤 곳에 갇혀 살았습니다. 층층이 쌓인 케이지 안에 수천 마리 암탉들이 머리만 내놓고 갇혀 있었던 곳. 바로 '배터리 케이지'라 불리는 감금틀입니다. 잎싹이는 평생 날개조차 한번 펴 보지 못하고 달걀 한번 품어 보지 못하는 이곳에 갇혀 있는 것이 너무 답답하고 싫었습니다. 그래서 구덩이에 버려진 틈을 타 탈출을 감행하죠. 실제 닭들은 죽어야만 나올 수 있는 곳, 배터리 케이지는 그런 곳입니다.

현재 한국에서 시판되는 대부분의 달걀은 공장식 축산의 배터리 케이지에서 생산되는 것들입니다. 배터리 케이지에서 암탉 한 마리가 차지할 수 있는 공간은 A4 용지 한 장도 채 되지 않습니다. 날개조차 펴지 못하는 이곳에서 닭들은 엄청난 스트레스를 받는데, 옆에 있는 닭을 쪼는 행동 외에는 할 수 있는 것이 없습니다. 닭들이 서로 쪼고 다

공장식 산란계 농장에서 암탉들은 '배터리 케이지'라는 감금틀에 갇힌 채
알 낳는 기계로 살아간다. 반면, 생태적인 동물 복지 농장에서 암탉들은
자유롭게 걸어 다니고, 모래 목욕을 하고, 횃대에 날아올라 쉰다.
(영화 〈잡식가족의 딜레마〉 스틸. 황윤 감독, 시네마달 제공)

치면 달걀 생산성이 떨어지기 때문에, 공장식 축산 산란계 농장에서는 닭들이 서로 쪼지 못하도록 부리 끝을 잘라 냅니다. 새끼 돼지 송곳니와 꼬리를 미리 잘라 내는 것과 같은 이유입니다. 스트레스를 받지 않도록 환경을 개선해 주는 대신 동물의 신체를 절단하는 것이 업계의 관행으로 되어 있습니다. 이런 상태로 평생 알 낳는 기계로 살다가 알 낳는 생산성이 떨어지면 도축장으로 보내지는 것이 암탉들의 삶입니다.

유럽 연합EU에서는 암퇘지를 가두는 스톨, 그리고 암탉을 가두는 배터리 케이지, 이 두 가지 감금틀을 가장 잔인한 동물 학대로 규정하여 철폐했습니다. 또, 배터리 케이지에서 생산된 달걀을 이용하는 기업의 제품을 불매하거나, 기업들이 동물 복지 농장에서 생산된 달걀을 이용하도록 촉구하는 등 '케이지 프리Cage Free' 운동이 세계 곳곳에서 전개되고 있습니다. 스톨, 배터리 케이지 철폐 운동은 한국에서도 진행되고 있는데요. 동물자유연대, 동물권행동 카라 같은 시민 단체들이 '암탉에게 자유를' 같은 이름으로 기업의 윤리적 생산을 촉구하고 시민들의 동물 복지 축산물 선택을 독려하는 캠페인을 벌이고 있습니다.

현재 시판되는 달걀에는 1부터 4까지 번호가 표기되어 있는데, 이 번호를 보고 어떤 형태의 농장에서 생산된 달걀인지 소비자가 알고 선택할 수 있습니다. 4번은 배터리 케이지에서 생산된 달걀, 1번은 방목형 동물 복지 농장에서 생산된 달걀, 2번과 3번은 그 중간 형태의 농장에서 생산된 달걀이라고 보면 됩니다. 소비자가 어떤 선택을 하는지에 따라 기업과 산업은 달라집니다. 4번 달걀을 선택하는 사람들이 많으면 공장식 축산과 배터리 케이지 사육은 계속될 수밖에 없습니다. 1번 달걀을 선택하는 사람들이 많아지면 더 많은 닭들이 날개를 펴고 땅에서 자유롭게 움직이며 살아갈 수 있겠지요(동물 복지 농장이라고 해서 다 푸른 초원의 농장을 떠올리면 오해입니다. 여전히 한계가 존재하지만 상대적으로 나은 환경인 것은 맞습니다. 동물 복지 농장의 한계가 불편하다면 채식이라는 선택지가 있습니다).

우유를 좋아했던 저는 우유를 초코 우유, 바나나 우유, 커피 우유 등 입맛 따라 골라 마시는 음료수, 혹은 기호 식품 정도로만 생각했습니다. 또, '우유' 하면, 푸른 초원에서 한가로이 풀을 뜯는 젖소, 혹은 사람이 젖을 짜면 기분 좋게 '음매~' 하는 젖소를 떠올렸어요. 그런데 알고 보니, 젖소라는 동물은 인간이 만들어 낸 품종이더군요. 자연계에서 젖만을 위해 존재하는 동물은 없었습니다.

인간에 의해 비대한 젖을 갖게 된 젖소는 제 상상 속 이미지와 달리, 사육장 안에서 착유기에 의해 젖이 짜집니다. 또, 젖소도 아무 때나 젖이 나오는 게 아니었어요. 사람처럼 임신을 하고 출산을 해야만 젖이 나온다는 사실을 저는 너무 늦게 깨달았습니다. 인간을 포함한 모든 포유동물의 젖은 다 마찬가지 과정을 거쳐 만들어지는데 소젖은 왜 그냥 아무 때나 나온다고 생각했을까요? 업계의 마케팅 때문입니다. 소비자가 우유의 불편한 생산 과정에 대해 자세히 알기를 바라지 않는 업계는 푸른 초원에서 미소를 지으며 사람에게 기꺼이 젖을 내주는 젖소의 이미지를 만들어 왔고, 우리는 어릴 때부터 이 이미지에 반복적으로 노출돼 왔습니다.

사람처럼 엄마 소 역시 긴 임신과 출산의 고통을 거쳐 송아지를 낳습니다. 그런데 그 송아지는 태어나자마자 엄마로부터 분리돼서 다른 곳으로 보내지고, 송아지가 먹어야 할 젖을 사람들이 다 가져갑니다. 엄마 소는 아기가 어디로 갔는지 한참 동안 찾으며 망연자실하고 어떤 엄마 소들은 며칠이 가도록 울음을 그치지 않는다고 합니다. 송아지는 엄마 품에 안겨 보지도 못한 채 인공적으로 만들어진 대체 우유를 먹고 자랍니다. 사람들이 기호 식품으로 생각하는 우유는 이렇듯 '신생아 유괴', '모성 착취'의 결과라는 것을 알게 된 저는, 입장 바꿔 생각해 보았습니다. 제가 배 속에 품고 있던 제 소중한 아기를 출산 직후 누군가 빼앗아 간다면, 내 아기에게 줄 내 모유를 누군가 빼앗아 간다면, 나는 어떤 심정일까? 견딜 수 없는 고통일 것입니다. 여성 소는 임신과 출산, 새끼 빼앗김, 이 과정을 계속 반복하다가 젖 생산량이 떨어지면 도살장에 보내집니다.

사람들이 견고하게 믿고 있는 '우유 신화' 즉, 우유는 인간에게 필요하고 건강에 도움이 된다는 믿음은 과연 과학적으로도 사실일까요? 세계적인 영양학자 콜린 캠벨의 유명한 연구가 있습니다. '차이나 스터디China Study'라고 하는 연구입니다. 인간이 무엇을 먹을 때 질병에 걸리고 무엇을 먹을 때 건강하게 오래 사는지, 즉 음식과 건강의 상관 관계를 분석한 연구인데, 역사상 최고의 역학 조사로 평가되는 연구입니다.

연구 결과, 고기와 우유 등 동물성 단백질은 인체에 들어왔을 때 암세포를 자라게 하는 것으로 밝혀졌습니다. 반면 채소, 과일, 통곡물 같은 식물성 음식은 수많은 질병을 예방하고 인체를 건강하고 활력 넘치게 만드는 것으로 밝혀졌습니다. 또, 우유는 뼈를 튼튼하게 하기보다 오히려 뼈를 약하게 한다는 연구도 많이 나와 있습니다.

인간이 소젖을 먹는 것. 이것이 얼마나 이상한 일인지는 자연계를 돌아보면 쉽게 이해가 됩니다. 자연계에서 자신의 엄마가 아닌, 전혀 다른 종의 젖을 먹는 동물이 있나요? 예를 들어, 사자가 얼룩말의 젖을 먹나요? 하이에나가 기린의 젖을 먹나요? 그렇지 않습니다. 사자는 사자의 젖을 먹고, 하이에나는 하이에나의 젖을 먹습니다. 다른 종의 젖을 먹는 동물은 없습니다. 또, 자연계에서 젖먹이 시기를 지나 청소년기, 장년기, 심지어 노년이 돼서까지 젖을 먹는 동물이 있나요? 역시 없습니다. 젖먹이 시기를 지나서까지 젖을 먹는, 심지어 전혀 다른 종의 젖을 먹는 동물은 인간밖에 없습니다. 이처럼 사람이 소젖을 먹는 일은 자연스럽지 않은 일입니다.

요즘은 우유를 대체하는 아몬드 음료, 귀리(오트밀) 음료, 또 코코넛 등으로 만든 비건 치즈(식물성 치즈), 비건 아이스크림이 나오고 있고 집에서도 만들어 먹을 수 있습니다. 굳이, 사람처럼 모성애가 있고 감정과 고통을 느끼는 다른 동물에게 고통을 주면서까지 그들의 젖을 빼앗아 먹을 이유가 없는 것입니다.

지금까지 암퇘지, 암탉, 암소의 삶에 대해 이야기했습니다. 공통점은 '여성 동물'입니다. 영화를 만들면서 저는, 지구상에서 가장 많은 고통을 짊어지고 있는 것이 축산 동물이라는 생각을 하게 됐는데 그중에서도 특히 '여성 동물', 그러니까 암퇘지, 암탉, 젖소로 불리는 이들이 특히 더 큰 고통을 받고 있음을 알게 되었습니다. 고환이 적출되고 신체를 절단당하는 수컷 동물들의 삶도 고통스럽지만, 암컷들은 감금틀에 갇혀 자신의 의지와 상관없이 임신이 되고 출산을 해야 하는 신체적 고통에 더해, 반복적으로 새끼를 빼앗겨야 하는 심리적 고통까지 더해지기 때문입니다.

저는 엄마이자 여성으로서, 나와 똑같이 아기를 사랑하는 여성 동물들에게 가혹한 고통을 주는 시스템에 더 이상 소비자의 이름으로 힘을 보태지 않기로 결심했습니다.

미국의 저명한 흑인 여성 작가 앨리스 워커는 이렇게 말했습니다.

"흑인이 백인을 위해 태어난 것이 아닌 것처럼, 여성이 남성을 위해 태어난 것이 아닌 것처럼, 동물도 인간을 위해 태어난 것이 아니다."

단지 한국인이 아니라는 이유로, 단지 남성이 아니라는 이유로, 단지 장애인이라는 이유로, 단지 소수자라는 이유로, 단지 학교 성적이 안 좋다는 이유로, 누군가를 차별하거나 폭력적으로 대하는 세상은 정의로운 세상이 아닙니다. 이 생각에 동의한다면, 우리는 단지 인간이 아니라는 이유만으로 비인간 동물들에게 극단적인 고통을 주며 그들을 착취하는 시스템 역시 옳지 않다고 말해야 할 것입니다.

몇 년 전 지구촌 곳곳에서 시작돼 세계적으로 확산된 운동이 있습니다. 미투 선언입니다. 친인척 관계, 학교, 직장, 체육계, 문화 예술계 등 광범위한 영역에서 수많은 여성들이 성폭력 피해를 받은 사실을 공개적으로 알리고 가해자 처벌과 재발 방지를 요구했던 운동입니다. 여성의 몸에 대한 자기 결정권은 너무나 중요합니다. 여성의 몸은 남성들의 욕구를 위한 도구가 아닙니다. 또한, 오랜 세월 가부장제가 요구했던 것처럼 출산 도구도 아닙니다. 여성이 다른 누군가와 성관계를 맺을지, 출산을 할지 말지는 여성 스스로가 결정할 수 있어야 합니다. 그래서 여성들은 외칩니다. "나의 자궁은 나의 것"이라고. 그렇다면 우리는 여성 동물들에 대해서도 같은 말을 해야 하지 않을까요? "너의 자궁은 너의 것"이라고.

여성 동물들이 만약 인간의 말을 할 수 있다면 어떤 말을 할까 상상해 봅니다. 인간의 미투 선언과 매우 유사하지 않을까요? 그들은 이렇게 말할 것입니다. "나의 몸은 나의 것이다. 나에게 임신과 출산을 강요하지 마. 내 아기를 빼앗아 가지 마. 내 모유는 내 아기의 것이다"라고.

어떤 학교 폭력이 일어난다고 칩시다. 일부 학생들이 어떤 학생에게 폭력을 행할 때, 만약 다수의 학생들이 알면서도 눈감는다면 그 가해자 학생들은 계속 폭력을 일삼을 것이고 학교는 지옥이 될 것입니다. 세상의 모든 폭력이 바라는 것은 침묵이고, 침묵은 동의의 다른 말입니다. 나치 홀로코스트 생존자이자 노벨 평화상 수상자인 엘리 위젤이 이렇게 말했습니다.

"중립은 압제자를 돕지 절대로 희생자를 돕지 않는다.

침묵은 괴롭히는 자에게 용기를 주지 결코 괴롭힘을 당하는 자에게 용기를 주지 않는다."

역사를 돌아보면, 늘 용감한 소수의 사람들이 다수의 폭력에 맞서 침묵을 깨고 목소리를 냈습니다. 그 소수의 목소리가 폭력을 멈추고 사회를 진보시키는 역할을 해 왔습니다. 이제는 21세기 마지막 노예, 공장식 축산의 동물들을 위해 목소리를 낼 때입니다. 본성을 빼앗긴 채 신체를 훼손당하며 오직 고기가 되기 위해 살찌워지고, 자신의 의지와 상관없이 임신이 되고, 출산을 하고, 아기와 젖을 빼앗기는 축산 동물들을 대신해 '증언자'가 될 때입니다. 스스로 SNS를 할 수 없고 미투 선언을 할 수 없고 기자 회견을 열 수 없는 비인간 동물들을 대신해 목소리를 내는 사람들이 많아질수록, 우리 사회는 한결 정의롭고 평화로운 세상이 될 것입니다. 그렇게 될 때 사람도 한결 살 만한 세상이 될 것입니다.

저는 확신합니다. 머지않아 이렇게 말할 날이 올 것입니다. "한때는 우리가 인간처럼 숨 쉬고 느끼는 생명들을 단지 인간이 아니라는 이유로 공장의 부품처럼 대했던 시

절이 있었지"라고. 우리에게는 더 나은 세상을 만들 지성과
용기가 있습니다.

코로나의 교훈

2009년 말, '돼지 독감Swine Flu'이 세계를 강타했습니다.
국내에선 '신종 플루'라고 불렸지만, 멕시코에 위치한 대규
모 양돈 농장에서 돼지의 바이러스가 사람에게 전이된 것
으로 감염병 전문가들은 추정했습니다. 전 세계로 삽시간
에 퍼진 돼지 독감은 한국에도 들어와 263명의 목숨을 앗
아갔습니다. 생후 11개월이었던 제 아들도 걸리고 말았습
니다. 며칠 고열에 시달린 아기는 다행히 위험한 고비를 넘
겼지만, 가슴이 철렁 내려앉는 사건이었습니다.

이후에도 끊이지 않고 감염병이 이어졌습니다. 구제역,
고병원성 조류 독감AI, 메르스(중동 호흡기 증후군Middle East
Respiratory Syndrome), 그리고 코로나.

코로나19 바이러스는 야생 동물에게서 온 것으로 추정
됩니다. 코로나19는 인간이 야생 서식지를 함부로 없애 개

독한 소독약 살포로 바이러스를 막을 수 있을까?
공장식 축산은 바이러스와 감염병의 온상이다.
조류 독감 바이러스가 돼지를 매개로 인간에게 전이되면
치명적인 팬데믹이 올 수 있음을 감염병 학자들이 경고하고 있다.
(영화 〈잡식가족의 딜레마〉 스틸. 황윤 감독, 시네마달 제공)

발하고, 야생 동물을 잡아먹고, 거래하고, 가둬서 구경하고, 애완용으로 기르는 등 수많은 방식으로 착취한 결과, 야생에 머물렀어야 할 바이러스가 인간이라는 숙주에게 넘어온 결과입니다. 인과응보, 자업자득인 것이지요.

힘겨웠던 코로나의 시간도 이제 조금씩 끝나 갑니다. 그러나 또다시 이런 팬데믹을 겪지 않으려면, 우리는 코로나가 인류에게 던지는 메시지를 잘 알아들어야 합니다. 지금까지 인간이 동물과 자연에 가한 폭력은 잘못된 것이었으며 그 폭력을 멈추지 않으면 언제든 또 다른 감염병이 올 수 있다는 것을 깨달아야 합니다.

감염병 전문가들은 돼지 독감 바이러스와 조류 독감 바이러스가 조합이 돼서 인간에게 전이 가능한 형태로 변하는 상황을 경고하고 있습니다. 다시 말해, 조류 독감이 돼지에게서 변이를 일으켜 사람에게 전이되면, 치명적인 감염병이 발생할 수 있다는 것입니다. 언제든 가능한 이 조합이 현실이 되면 그 파괴력은 코로나를 넘어설 것입니다. 수많은 가축을 밀집 사육하는 공장식 축산은 바이러스가 발생해 퍼질 수 있는 최적의 환경이고, 우리는 언제 터질지 모르는 '바이러스 시한폭탄'을 안고 있는 것입니다.

부메랑이 되어 인간에게 돌아오는 공장식 축산의 폐해는 감염병만이 아닙니다. 2017년에 살충제 달걀 파동으로 전국이 발칵 뒤집혔던 적이 있습니다. 시중에 판매되는 많은 달걀에서 살충제 성분이 나온 것입니다. 그 원인을 살펴보니, 바로 밀집 사육 때문이었습니다. 닭들을 옴짝달싹 못하는 배터리 케이지에 가둬 수천, 수만 마리를 한 축사에서 키우니 해충이 들끓게 되고, 해충을 잡기 위해 살충제를 쓴 것이죠.

또한 닭, 돼지, 소 들이 먹는 사료는 유전자 변형GMO 곡물이 많은 비중을 차지합니다. 유전자 변형 사료 작물을 재배할 때 많은 농약과 제초제를 뿌립니다. 뿐만 아니라, 양돈 농장을 촬영하면서 저는 많은 약병을 보았습니다. 호흡기 질환제, 장 치료제, 피부병 약, 호르몬제, 항생제…. 밀폐된 축사에서 엄청난 신체적, 심리적 고통을 받고, 유전자 변형 사료를 먹고, 각종 약물을 투여 받은 동물의 살을 먹는 것. 과연, 사람에게 좋을까요?

얼핏 보면 공장식 축산의 밀집 사육은 축산물을 대량 생산하기 때문에 싸고 효율적인 시스템 같지만, 결코 싼 것이 아니라 소비자가 우회적으로 그 값을 치르고 있음을 알아야 합니다. 건강에 좋지 않은 축산물로, 가축 전염병이 발생할 때마다 시행되는 살처분으로, 그리고 팬데믹으로, 우리는 엄청난 대가를 치르고 있습니다. 남의 살을 탐하는 대가는 생각보다 큽니다. 세상에 공짜는 없습니다.

코로나는 어쩌면 자연과 동물이 인류에게 고하는 마지막 경고인지도 모릅니다. 코로나가 이런 말을 하는 것 같습니다. "인간들아, 정신 차려! 동물에 대한 폭력을 멈춰! 그렇지 않으면 다음엔 더 치명적인 감염병이 올 거야!"

인간과 비인간 동물의 관계는 다시 설정되어야 합니다. 그 새로운 관계는, 매일 마주하는 밥상에서 시작됩니다.

채식하는 운동선수들, 비건 파티를 여는 아카데미 시상식

다큐멘터리 영화 〈더 게임 체인저스The Game Changers〉는 비건(완전 채식) 운동선수들이 엄청난 힘과 지구력, 순발력으로 놀라운 성적을 거두는 모습을 보여 줍니다. '고기를 먹어야 힘이 난다', '고기를 먹어야 근육이 생긴다'는 근거

없는 믿음을 단박에 깨트립니다.

'채식주의자Vegetarian'라는 단어의 어원은 Vegetus 또는 Vegetalis-vegetal인데, '~에 생명을 주다, 활기차게 만들어 주다', '성장하다'는 뜻을 담고 있습니다. 이 뜻과 같이, 식물성 음식은 우리 몸에 생명력과 활력을 가득 채워 줍니다. 식물이 지닌 천연 화학 물질, 즉 '피토케미컬' 때문인데요. 채소와 과일의 다양한 색과 향, 맛이 바로 피토케미컬입니다. 피토케미컬은 우리 몸의 면역력을 강하게 만들어 각종 질병을 예방해 주고, 피곤하지 않게 활력 넘치는 상태로 만들어 줍니다. 또, 세포를 건강하게 만들어서 여드름이나 뾰루지가 잘 나지 않고 피부가 맑아집니다.

세계 최고의 지성들도 채식을 옹호합니다. 천재 물리학자 아인슈타인 역시 채식을 옹호하며 이렇게 말했습니다. "1kg의 고기를 생산하기 위해서는 23kg의 곡물이 소비된다. 지구의 자원은 모두의 필요를 충족해 줄 수 있지만 사람의 탐욕을 충족시키기에는 충분하지 못하다. 채식이 인간 성품에 미치는 물리적 효과는 인류 문명에 가장 유익한 영향을 주게 될 것이란 것이 나의 견해이다."

르네상스 시대의 천재 레오나르도 다빈치, 러시아 거

장 소설가 톨스토이, 실존주의 문학의 선구자 카프카 등 문학과 예술에서 높은 경지에 이른 사람들, 그리고 세계적인 영화배우와 감독, 뮤지션 중에도 채식주의자들이 많습니다.

일찍이 그리스 철학자들도 채식을 옹호했습니다. 피타고라스의 철인 학교에는 '동물을 먹지 말고 입지 말라'는 입학 규정이 있었다고 하죠. 소크라테스도 채식을 옹호했는데 그 이유가 무엇이었을까요? 그 이유를 플라톤의 『국가론』에서 엿볼 수 있습니다. 제자가 스승 소크라테스에게 정의로운 도시 국가의 시민은 무엇을 먹어야 하는지 묻습니다. 그러자 소크라테스는 "보리와 밀로 만든 빵, 올리브, 채소, 완두콩, 무화과, 너도밤나무 열매 등을 먹고 포도주를 적당히 마시고 살아야 한다. 그러면 평안한 마음과 건강한 몸으로 살 수 있고 오래 살 가능성이 높다"라고 답합니다. 이어서 그 이유를 설명하는데 내용을 요약하면 이렇습니다. '사람들이 동물을 먹으면 그 동물을 키울 땅과 작물을 재배할 땅이 많이 필요하게 되고, 더 많은 땅을 확보하기 위해 옆 나라를 침략해야 할 것이고, 그것이 바로 전쟁의 시작이 될 것이다.'

2500년 전 소크라테스는 지금의 현실을 예언이라도 한 걸까요? 철학자의 이 놀라운 통찰을 인류는 귀담아듣지 않았고, 안타깝게도 인류의 지나친 육식과 과도한 축산은 막대한 환경 파괴와 기후 위기, 이로 인한 재해와 사회 혼란으로 이어지고 있습니다.

지금이라도 소크라테스와 아인슈타인의 충고를 따라야 하는 이유는 차고 넘칩니다. 극심한 가뭄으로 수많은 사람들과 야생 동물들이 목말라 죽어 가고 있는 지금, 1kg의 소고기를 생산하기 위해 1만 5400ℓ의 물이 소모됩니다. 기아로 죽어 가는 인구가 20억인데 전 세계 농토의 80%가 가축 사료를 재배하는 데 쓰이고 있습니다. 그도 모자라, 아마존 열대 우림마저 소 방목과 사료 재배를 위해 불태워지고 있습니다. 축산 분뇨는 강과 바다, 땅을 극심히 오염시키고 있습니다. 미국에서는 1초에 40톤씩 축산 분뇨가 쏟아져 나오고, 국내에서는 제주도에서만 단 하루에 쏟아져 나오는 돼지 똥이 2800톤. 이 작은 섬, 이 작은 행성이 감당하기에는 너무 많은 배설물입니다. 무엇보다 축산업은 전 세계 교통수단에서 내뿜는 온실가스보다 더 많은 온실가스를 배출해 지구를 뜨겁게 만들고 있습니다. 이제 '무엇을 먹느냐'의 문제는 더 이상 개인의 취향이 아니라 인류의 생존이 달린 문제입니다.

상상해 봅시다. 전 지구인이 식물성 중심의 식생활을 한다면 어떤 좋은 변화가 일어날까요? 우선, 수백억 동물들을 먹기 위해 기르고 죽이지 않아도 됩니다. 가축과 인류는 밀집 사육으로 인한 감염병을 겪지 않아도 됩니다. 전 세계 농지의 80%를 사료 재배지에서 숲으로 되돌릴 수 있습니다. 열대 우림을 불태우지 않아도 될 것입니다. 열대 우림이 복원되면 탄소 흡수량이 늘어나고 생물 다양성이 높아집니다. 전 세계 700억 마리 가축 사육에 소모되는 막대한 양의 물을 아껴, 물 부족으로 죽어 가는 사람들과 야생 동물들을 살릴 수 있을 것입니다. 축산이 배출하는 막대한 온실가스가 사라지면 지구의 온도를 낮춰 기후 위기를 이겨 내고 인류가 이 별에서 생존할 가능성이 그만큼 커지게 됩니다. 축산 분뇨로 인한 오염이 사라지고 땅, 강, 바다가 되살아날 것입니다. 어떤가요? 상상만 해도 멋진 일이죠?

'비거니즘Veganism'이란, 의식주 전반에서 동물을 이용하지 않는 라이프 스타일을 의미하고 '비건Vegan'은 그런 라이프 스타일을 실천하는 사람, 혹은 그러한 제품을 의미합니다. 먹는 것뿐 아니라 입고 바르는 영역, 즉 의식주 전반에서 비거니즘이 빠르게 확대되고 있어요. 동물의 털, 가죽을 이용하지 않는 비건 패션, 동물성 성분을 넣지 않고 동물 실험을 하지 않은 비건 화장품이 큰 인기를 끌고 있죠. 이런 흐름은 기후 위기, 환경, 동물권, 건강에 대한 생각으로 윤리적이고 책임 있는 소비를 추구하는 사람들이 늘고 있기 때문인데요. 이는 한때의 유행이 아니라 거스를 수 없는 시대의 흐름이 되었고, 앞으로 점점 더 커질 것입니다.

세계적으로 커지고 있는 비거니즘은 한국에서도 몇 년 전부터 빠르게 확산되고 있어요. 비건 페스티벌, 비건 박람회, 비건 영화제 등이 열리고, 비건 식당과 비건 온라인 쇼핑몰이 늘어나고, 비거니즘 관련 책들, 요리책이 쏟아져 나오고, 전국의 많은 학교에서 비거니즘 동아리가 생겨나고 있어요. 2022년 대선 때 한 유력 후보도 '비건 간담회'를 열 정도였죠.

2015년, 〈잡식가족의 딜레마〉가 65회 베를린국제영화제에 초청되어 갔을 때 신선한 문화 충격을 받았어요. 개막식이 끝나고 파티가 열렸는데 육류와 유제품 등 동물성 음식이 전혀 없는 비건 파티였어요. 감자, 버섯, 견과류, 허브 등을 이용한 정말 맛있고 다채로운 음식들이 나와서 눈도 입도 행복했죠.

2020년 골든글로브 시상식에 이어 아카데미 시상식, 미국배우협동조합 시상식 등 세계적인 영화제들의 파티도 모두 비건, 즉 완전 채식으로 열렸어요. 영화 〈조커〉로 골든글로브 시상식에서 남우 주연상을 수상한 배우 호아킨 피닉스는 수상 소감에서 이렇게 말했어요. "축산업과 기후 변화의 관련성을 인정해서 행사를 채식으로 준비해 주신 할리우드외신기자협회HFPA에 감사의 마음을 전합니다." 호아킨 피닉스는 아카데미 시상식에서도 남우 주연상을 거머쥐었는데요. 수상 소감을 말할 때, 유제품 생산을 위해 고통받는 암소들에 대해 인류의 연민을 호소해서 세계인에게 감동을 주었지요.

이렇듯 동물을 착취하지 않는 라이프 스타일, 비거니즘은 새로운 삶의 방식을 찾는 인류에게, 특히 밀레니엄 세대에게 새로운 상식, '뉴 노멀'이 되고 있습니다. 지금 당장 100퍼센트 완벽한 비건이 되지 않아도 괜찮아요. 고기를 완전히 끊기 힘들다면 한 달에 몇 번만 육식을 하고 나머지는 채식을 하는 식으로 자신이 할 수 있는 선을 정하고 '비

2015년 〈잡식가족의 딜레마〉 상영을 위해 참가한 베를린국제영화제.
개막식 파티가 비건으로 열렸고, 고기, 생선, 우유, 달걀이 들어가지 않은
맛있고 다양한 요리들이 제공됐다.
(황윤 감독 제공)

건 지향'을 하는 것도 가능합니다.

한 사람의 백 발자국보다 열 사람의 열 발자국이 훨씬 더 큰 변화를 만듭니다. 개인의 완벽한 실천보다 우리 사회가 고기 중독에서 벗어나 채식을 지향하는 사회로 스위치를 바꾸는 것이 중요합니다. 누구나, 어디서나, 쉽고 맛있게 채식을 즐길 수 있는 사회, 단체 급식에서 채식을 선택할 수 있는 사회, 회식 때 비건 식당에서 맛있고 멋있게 즐길 수 있는 사회, 이렇게 채식 친화적인 사회로 전환하는 것이 중요합니다. 그래서 지금 중요한 것은 바로, 학교 급식입니다.

알 권리,
선택할 권리

선진국 학교들은 점점 더 채식을 확대하는 쪽으로 바뀌고 있습니다. 프랑스는 유치원부터 고등학교까지 모든 공립 학교에서 주 1회 채식 급식을 하는 것을 법으로 정했습니다. 뉴욕시 역시 매주 금요일을 '비건 프라이데이Vegan

Friday'로 정해 백만 명이 넘는 공립 학교 학생들이 비건 식사를 하고 있습니다. 독일 농림부는 주 3회 채식 급식을 학교에 권고하고 있습니다. 선진국 학교들이 이렇게 채식을 확대하는 이유는, 소수의 채식주의자만 채식을 할 때보다 학교 전체, 도시 전체, 나라 전체가 채식을 지향할 때 훨씬 많은 온실가스를 감축할 수 있고 청소년의 건강도 향상시킬 수 있기 때문입니다.

이런 흐름 속에 우리나라에서도 주 1회 채식 급식을 실천하는 학교가 점점 많아지고 있는데요. 여전히 많은 학교는 채식 급식을 시도하지 않거나 월 1회 정도로 머물고 있습니다. 학교에서 채식의 날을 실행하더라도 학생들의 반발에 부딪혀 채식 급식을 포기하거나 축소하는 사례도 많습니다. 채식 급식이 학교에서 성공하지 못하는 가장 큰 이유는, 채식이 얼마나 유익한지 청소년들이 정확히 배우지 못했기 때문입니다.

그래서 중요한 것은 어린이, 청소년의 '알 권리'입니다. 자신의 입으로 들어가는 것이 어디서 어떻게 생산된 것인지, '무엇을 먹느냐'의 선택에 따라 하나뿐인 우리의 건강과 지구가 얼마나 막대한 영향을 받는지, 어린이와 청소년은 알 권리가 있습니다.

저는 지난 수년간 전국의 수많은 학교에서 〈잡식가족의 딜레마〉를 상영했고, 강연을 통해 청소년을 만났습니다. 영화 제작 과정과 그 이후의 이야기를 쓴 책 『사랑할까, 먹을까』를 읽고 독후감을 쓰는 학생들도 많았지요. 영화를 보거나 책을 읽은 어린이, 청소년들 중 많은 수가 육식을 줄이고 채식 중심의 식생활을 하겠다고 말했습니다. 좀 더 적극적인 학생들은 학교에서 동아리를 만들어 활동하고, 채식 만두를 만들어 친구들에게 나누어 주거나, 공장식 축산의 진실을 알리는 전시회를 열기도 하고, 소책자를 만들어 친구들에게 나누어 주는 등 다양한 활동을 이어 갔습니다. 한 초등학교에서는 영화를 보고 강연을 들은 교사, 학생, 학부모가 모여 급식에 대해 토론을 했고, 주 1회 채식 급식을 시작했습니다. 일일이 나열하기 힘든 많은 변화들이 시작되고 퍼져 나가는 것을 보면서 저는 큰 희망을 느꼈습니다.

동시에 시급히 필요한 것은 '채식 선택권'입니다. 채식 선택권은 채식인이 단체 급식에서 채식을 선택할 수 있는 권리를 말합니다. 채식을 하겠다고 결심해도 막상 학교에서 나오는 급식이 육류뿐이라면 그 학생은 채식을 실천하기 어려울 것입니다. 현재 우리나라 학교 급식은 고기나 생선이 중심인 경우가 많고 채식처럼 보이는 반찬이나 국에도 달걀, 유제품, 해물이 섞여 있는 경우가 많습니다. 완전 채식을 하는 비건 학생은 채소 반찬 하나 나오면 다행이고 그마저도 안 나올 때는 맨밥 외에는 먹을 것이 없는 날들이 허다합니다.

유치원부터 고등학교까지 13년 동안, 학교 급식에서 배제되고 선택권을 존중받지 못하는 채식인 학생들의 인권 피해는 심각합니다. 채식 선택권의 문제는 점심 급식을 제대로 먹지 못하는 데서 오는 배고픔과 영양 결핍의 문제를 넘어, 행복 추구권, 자기 결정권, 평등권, 양심의 자유 등 기본권이 연관된 문제입니다. 학교의 인권 교육, 민주주의와 다양성 교육, 평화 교육은 바로 급식에서부터 시작되어야 합니다.

2017년 포르투갈 의회에서는 학교, 병원, 교도소 등 모든 공공 기관 구내식당에서 동물성 성분이 포함되지 않은 비건 메뉴 제공을 의무화한 법률이 통과됐습니다. 캘리포니아주도 공공 기관 구내식당의 비건 메뉴 의무화가 법

채식으로 얼마든지 맛있는 음식을 즐길 수 있다.
돈가스 대신 쌀가스, 콩가스를 먹을 수 있고, 치즈를 좋아한다면
비건(순 식물성) 치즈를 곁들인 샌드위치를 먹을 수 있다.

(황윤 감독 제공)

으로 지정됐죠. 우리나라도 2020년부터 군대 내 채식 선택권이 보장되기 시작했습니다. 학교에서의 채식 선택권도 하루빨리 보장되어야 합니다.

다행히 여러 교육청에서 채식 선택권을 도입하거나 준비 중입니다. 가장 먼저 실행에 옮긴 곳은 울산교육청입니다. 울산교육청은 2020년 말부터, 채식을 원하는 학생은 학교에서 매일 채식 급식을 제공받도록 하고 있습니다. 서울시교육청도 "채식을 선택하는 청소년이 증가하는 가운데 학교 급식은 육식 위주라서 인권 침해 요소가 있다"며 '채식 선택제' 도입을 예고한 바 있습니다. 아쉽게도 아직 전면 시행이 안 되고 있지만 채식 선택권을 요구하는 학생들의 목소리가 커지면 교육부, 교육청, 학교의 변화도 더 빨라질 것입니다.

우리는 지구라는 행성에 사는 주민들. '플래닛 B'는 없습니다. 작은 행성, 지구에서 살아남으려면 우리의 식탁 위엔 무엇이 놓여야 할까요? 우리가 무엇을 소비하고 무엇을 먹느냐는 개인의 취향 혹은 단순한 한 끼니 식사의 문제를 넘어, 우리가 살고 싶은 세상에 소중한 한 표를 던지는 '투표'와도 같습니다.

여러분은 어떤 세상에 표를 던지고 싶나요? 두 개의 갈림길이 있습니다. 한쪽엔 불가마처럼 뜨거워 더 이상 생명이 거주하기 힘든 지구가 있습니다. 다른 쪽엔 숲, 강, 바다가 생명으로 넘치는 푸른 지구가 있어요. 여러분은 어떤 세상에 살고 싶나요? 우리의 미래는 오늘의 한 끼니 식사, 그리고 학교 급식의 변화에서 시작됩니다. 지구별 주민인 우리는 유일한 거주지를 지켜야 할 의무가 있고, 더 푸르고 아름다운 행성에서 살 권리가 있습니다.

함께 보면 좋은 영상

1 다큐멘터리 영화 〈잡식가족의 딜레마〉

(황윤 감독/105분/전체 관람 가/2015년 극장 개봉작/
베를린국제영화제 초청, 서울환경영화제 대상 수상/제인 구달 박사 추천작)

줄거리: 사랑할까, 먹을까! 구제역이 전국을 휩쓸던 어느 겨울날, 육아에 바쁘던 영화감독 윤은 살아 있는 돼지를 평소에 한 번도 본 적이 없었음을 깨닫고 돼지를 찾아 길을 나선다. 산골 마을 농장에서 돼지들의 일상을 지켜보면서 이제껏 몰랐던 돼지의 새로운 모습을 발견하게 되는데…. 그런 윤에게 딜레마가 생긴다. 돼지들과 정이 들며 그들의 영리하고 사랑스러운 모습을 알게 되는 한편 농장의 이면을 알게 될수록, 그동안 좋아했던 돈가스를 더 이상 마음 편히 먹을 수 없게 된 것. 이제 윤은 어떻게 해야 할까?

*공동체 상영 신청 : 독립 예술 영화 배급사 '시네마달' (02-337-2135)

2 〈생태전환교실〉 영상

서울시교육청과 자연의벗연구소가 2020년 130개 서울시 중학교를 대상으로 만든 생태전환교육 영상. 기후 위기 시대를 살아가는 청소년들에게 지속가능하고 좋은 삶을 살아갈 수 있도록 돕는 교육 영상. 영상의 제작과 2차시 강연을 황윤 감독이 맡았다. 관련 주제의 책들도 소개한다.

* 1차시 : 기후 변화로 달라지는 일상
  https://www.youtube.com/watch?v=Sins5SR_2YU
* 2차시 : 건강한 먹거리와 채식 선택권
  https://www.youtube.com/watch?v=O_Czss7s9-Y

3 〈대한민국 환경 1교시〉 영상

기후 위기의 피해자이자 기후 위기를 막을 주체인 어린이들을 위해 공영 방송 KBS가 기획하고 황윤 감독이 제작을 맡은 교육 영상. 나레이션은 영화 〈옥자〉의 안서현 배우와 조민수 성우가 맡았다. 1편 '지구는 우리가 지켜요!'에서는 기후 변화의 사례를 제시하고, 학생들이 주체적 행동을 통해 정책 변화를 이끌어 낸 사례를 담았다. 2편 '기후 미식회'는 육식과 기후 위기의 연관성을 살펴보고 채식을 실천하는 초등학생의 사례를 통해 인간과 동물, 지구 모두를 살리는 채식의 유익함을 살펴본다.

기획, 제작: KBS 라디오 / 영상 제작 : 황윤, 미디어나무
1편: 지구는 우리가 지켜요!
https://www.youtube.com/watch?v=QuV1WRsBOCg
2편: 기후 미식회
https://www.youtube.com/watch?v=Jcq-jUyPsnE

왜 '채식주의'라고 할까?

윤리적 채식

최훈 (강원대학교 자유전공학부 교수)

혹시 주변에서 '채식주의자'라고 말하는 사람을 본 적이 있나요? '비건'은요? 그런 사람들을 만난 적은 없어도 '채식'이라는 말은 알지요? 불과 10여 년 전보다 우리 사회에서 채식은 꽤 많이 알려졌습니다. 예전에는 스님 외에는 채식을 하는 사람을 보기 어려웠고, '비건'이라는 말도 아는 사람이 드물었습니다. 그러나 이제는 채식주의자를 심심치 않게 볼 수 있습니다. 각종 포털이나 언론에서도 채식주의를 소개하는 글을 자주 볼 수 있습니다. 채식은 일종의 트렌드가 된 거죠.

　채식은 글자 그대로 채소만 먹는 것을 말하는 걸까요? 채식의 정확한 뜻은 무엇일까요? 그리고 사람들은 왜 채식을 할까요? 이 글은 채식의 정의와 그 동기를 살펴보려고 합니다. 그리고 특히 윤리적 이유로 채식을 하는 것을 집중적으로 소개하려고 합니다.

달걀을 먹어도
채식인가?

표준국어대사전에 보면 '채식'은 "고기류를 피하고 주로 채소, 과일, 해초 따위의 식물성 음식만 먹음"이라고 정의되어 있습니다. 국어사전의 정의는 학문적인 정의는 아니므로, 일상생활에서 쓰는 데는 문제가 없지만 아주 엄격하게 따지고 들면 정확하지는 않습니다. 채식은 고기류를 피하는 것이라고 했는데 소고기나 돼지고기는 분명히 고기일 것입니다. 그런데 달걀이나 우유는 고기일까요? 고기는 아닌 것 같지만 '식물성 음식'도 아닙니다. 그리고 식물성 음식의 예를 들면서 '따위'라고 말했는데, 여기에 뭐가 더 들어갈까요? 곡식은요? 버섯은요? 어, 버섯은 동물도 아니고 식물도 아닌 균류인데?

채식은 채소만 먹는 것이 아닙니다. 사람은 채소만 먹으면 영양실조에 걸립니다. 채식을 한다는 것은 건강이나 생명에 지장이 없다는 전제가 되어 있기에 가능합니다. 채식은 채소, 과일, 해초, 곡식, 버섯 따위를 먹는 것을 말합니다. 이것들을 골고루 먹어야 건강에 지장이 없습니다. 그러니 채식은 동물성 음식을 안 먹는다고 정의해야 정확할 것 같습니다. 버섯도 동물성 음식이 아니니 채식에 포함됩니다.

물론 여전히 남는 질문은 어디까지 동물성 음식이냐는 것입니다. 채식을 실천하는 것을 '채식주의'라고 부릅니다. 그리고 채식을 실천하는 사람을 '채식주의자'라고 하고요. 채식주의는 여러 가지로 나눌 수 있는데, 먼저 동물성 음식을 어디까지 먹느냐에 따라 분류할 수 있습니다.

가장 먼저 우유든 달걀이든 고기류를 전혀 먹지 않는 채식주의자가 있습니다. 이들을 '비건'이라고 합니다. 우리말로 옮기자면 '엄격한 채식주의자' 정도가 되겠습니다. 그러면 우유나 달걀을 먹는 채식주의자가 있겠네요? 네, 그렇습니다. 고기는 먹지 않는데 우유나 달걀을 먹는 채식주의자를 부르는 이름이 있습니다. 우유까지 먹는 채식주의자는 '락토 베지테리언'이라고 부릅니다. 달걀까지 먹는 채식주의자는 '오보 베지테리언'이라고 부르고요. 채식주의자가 우리나라에 흔하지 않다 보니 그냥 영어로 이렇게 부릅니다. 굳이 우리말로 하자면 '우유 채식주의자'와 '달걀 채식주의자'가 되겠지만요. 우유와 달걀을 모두 먹는 채식주의자도 있겠네요? 네, '락토-오보 베지테리언'이라고 부릅니다.

우유나 달걀은 동물의 살은 아니지만 동물의 부산물인데 그것까지 먹는 사람을 채식주의자라고 불러도 될까요? 비건 입장에서는 채식주의자가 아니라고 하지 않을까요? 좀 있다 왜 채식을 하는지 그 이유를 설명할 텐데, 이건 그때 답을 내릴 수 있을 것입니다. 사실은 우유나 달걀 정도가 아니라 생선까지 먹는 사람도 채식주의로 부르기도 합니다. '페스코 채식주의자'가 그들입니다.

만화를 원작으로 일본에서 만들어진 〈리틀 포레스트〉라는 영화가 있습니다. 2018년에는 우리나라에서도 다시 만들어졌는데, 음식 영화입니다. 한국판 〈리틀 포레스트〉를 보면 만들어지는 음식이 거의 채식입니다. 치즈와 달걀도 나오니 정확히 말하면 락토-오보 채식입니다. 딱 한 번 동물의 살코기가 나오는데 가다랑어포(가쓰오부시)입니다(나무토막처럼 생겼습니다. 영화에서는 엄마가 어린 딸에게 나무라고 놀립니다). 그러니 페스코 채식주의 영화겠네요. 우유나 달걀은 동물의 부산물이기는 해도 동물의 살코기는 아니니까 채식주의자라고 해도 될 것 같습니다. 하지만 아무리 양보해도 생선을 먹는다는 것은 동물의 살코기를 먹는

유형	과일 곡식	채소	유제품	달걀	어패류	가금류	육류
프루 테리언	○	×	×	×	×	×	×
비건	○	○	×	×	×	×	×
락토	○	○	○	×	×	×	×
오보	○	○	×	○	×	×	×
락토-오 보	○	○	○	○	×	×	×
페스코	○	○	○	○	○	×	×
폴로	○	○	○	○	○	○	×
플렉시 테리언	평소에는 비건이며, 상황에 따라 육식						

동물성 음식을 어디까지 먹느냐에 따라 채식주의자의 유형을 나눌 수 있다.

것인데, 이것을 채식이라고 부를 수 있을까요? 누군가가 나는 소고기나 돼지고기는 먹지만 생선은 안 먹으니 '무슨 무슨 채식주의자'라고 불러 달라고 하면 이상할 겁니다. 페스코 채식주의자도 그것만큼 이상한 것 아닐까요? 이 질문의 답도 왜 채식을 하는지 이유를 생각해 본 다음에 내려 보기로 해요.

채식을 하는
이유는 뭐지?

지금까지는 동물성 고기를 어디까지 먹느냐에 따라 채식주의자를 나누어 보았습니다. 이번에는 채식을 하는 이유를 가지고 나누어 보도록 하겠습니다.

우선 건강을 위해 채식을 하는 사람들이 있습니다. 고기를 좋아하는 사람들은 엄청나게 많지만, 고기가 몸에 좋지 않다는 것은 널리 알려져 있습니다. 기운이 달릴 때 고기를 먹어야 한다고 생각하는 사람들도 많지만, 각종 성인병의 원인이라고 말해지기도 합니다. 그래서 건강을 회복하기 위해 또는 지키기 위해 채식을 하는 사람들이 있습니다.

다이어트를 위해 고기를 안 먹기도 합니다.

건강이 아니라 고기가 먹히지 않아서 또는 싫어서 고기를 먹지 않는 사람도 있습니다. 고기가 먹히지 않는다고요? 네, 고기를 좋아하는 사람들은 이해하기 어렵겠지만, 고기가 목에 넘어가지 않는 것입니다. 체질상이거나 역겨움 때문이거나 트라우마 때문이거나 여러 가지 이유가 있을 것입니다. 특히 어린이는 채소를 먹기 싫어하는 경우가 많으니 반대의 경우지만 그것을 떠올리면 이해가 될 겁니다. 우리나라에는 콩이나 파를 싫어하는 어린이가 많습니다. 부모님은 그것을 억지로 먹이려고 하고 아이들은 먹지 않으려고 하고, 이런 모습은 쉽게 볼 수 있는 장면입니다. 일본의 유명 만화 〈짱구는 못 말려〉에서는 피망을 먹지 않으려고 엄마 몰래 피망을 버리는 짱구의 모습이 자주 나옵니다. 항상 엄마에게 걸려서 혼나지만요.

미국에서는 유독 브로콜리를 싫어하는 어린이가 많습니다. 브로콜리를 먹으면 "토 나올 것 같다"고 말합니다. 미국의 41대 대통령인 부시는 어른인데도 브로콜리를 아주 싫어했습니다. 어떤 기자가 대통령이 되니 뭐가 좋으냐고 물으니 "브로콜리를 안 먹어도 되니까 좋다"라고 대답했다네요.

백악관의 식당 메뉴에서 브로콜리를 모두 빼 버리라고 했답니다. 그러자 브로콜리를 재배하는 농부들이 화가 나서 경운기에 브로콜리를 싣고 백악관에 항의 농성하러 온 일까지 생겼습니다. 안 그래도 아이들이 브로콜리를 안 먹으려고 하는데 대통령 할아버지의 말을 듣고 더 안 먹으려고 한다고요. 부시 대통령의 부인이 앞으로 남편에게 브로콜리를 잘 먹이겠다고 말하고 돌려보냈다고 합니다. 부시 대통령은 2018년에 돌아가셨습니다. 부시 대통령의 아들 역시 미국의 43대 대통령인 부시 대통령인데(아버지는 조지 H. W. 부시이고 아들은 조지 W. 부시입니다) 장례식에서 "아버지, 이제 브로콜리 없는 천국에서 편히 쉬십시오"라고 농담을 했습니다. 이렇게 채소가 역겨워서 안 먹는 사람만큼 많지는 않아도 비슷한 이유로 고기를 먹지 않는 사람도 있습니다.

우리나라에서는 주변에 채식주의자를 보기 어렵습니다. 다른 나라에서도 그럴까요? 다른 나라에서는 채식주의자도 드물지 않게 볼 수 있고, 특정 고기를 먹지 않는 사람도 많습니다. 예를 들어 이슬람 신자나 유대교 신자는 종교의 교리 때문에 돼지고기를 먹지 않습니다. 돼지고기를 먹지 않는 이슬람 신자는 다른 고기는 먹으니 채식주의자

사진 Pixabay 제공 @Vijayanarasimha

사진 Pixabay 제공 @Brett_Hondow

사진 Pixabay 제공 @kgjerseth

콩, 피망, 브로콜리 등을 싫어하는 어린이가 많다. 채소가 역겨워서 안 먹는 사람만큼 많지는 않아도 고기가 먹히지 않아서 또는 싫어서 고기를 먹지 않는 사람도 있다.

는 아닙니다. 세상에는 이들처럼 종교적 이유로 고기를 아예 먹지 않는 사람들이 있습니다. 그냥 있는 정도가 아니라 무지 많습니다. 어떤 종교일까요? 불교요? 불교는 스님들만 고기를 안 먹지 신자들에게는 강제하지 않습니다. 힌두교입니다. 힌두교 신자들은 소를 신성시해서 소고기를 먹지 않는 것으로만 알려져 있습니다. 그러나 전혀 고기를 안 먹는 사람도 3분의 1 정도 됩니다. 불교처럼 살생을 금지하는 교리 때문입니다. 힌두교 신자는 주로 인도 사람들인데, 그 수가 자그마치 10억 명이 넘습니다. 그러니 힌두교 채식주의자는 얼추 3~4억 명이 됩니다. 인도 사람들은 중국 사람 못지않게 온 누리 곳곳에 살고 있으니 인도 밖에서도 흔하게 볼 수 있습니다.

〈런치박스〉라는 2013년에 나온 인도 영화가 있습니다. 인도의 뭄바이에는 부인이 집에서 만든 따뜻한 도시락을 남편의 직장으로 배달해 주는 독특한 배달 문화('다바왈라'라고 합니다)가 있습니다. 하버드대학 연구진에 따르면 도시락이 잘못 배달될 확률이 600만 분의 1이라고 말하는데, 실제로 도시락이 잘못 배달되어 생기는 사건이 영화의 스토리입니다. 영화에서 부인이 만드는 도시락을 보면 모두

채식입니다. 우리나라에서는 안식일 교회라고 많이 부르는
제칠일안식일예수재림교회 신자들도 채식을 합니다. 시리
얼로 유명한 켈로그 회사를 만든 사람이 이 교회 신자입니
다. 그러나 안식일 교회 신자는 그리 많지 않습니다.

신념이
'주의'가 되려면?

지금까지 건강을 위해서, 고기가 먹히지 않아서, 그리
고 종교를 이유로 고기를 먹지 않는 사람들을 소개했습니
다. 이들을 분명히 채식주의자라고 부를 겁니다. 그런데 한
가지 이해가 안 되는 게 있습니다. 담배를 피우는 사람도
있지만 안 피우는 사람도 많습니다. 담배를 피우지 않는 사
람들도 여러 가지 이유가 있을 겁니다. 아마 가장 많은 이
유는 건강 때문일 것입니다. 그러나 담배가 체질에 맞지 않
아 안 피우는 사람도 있고 종교 교리 때문에 안 피우는 사
람도 있습니다. 그런데 이들을 '금연주의'라고 부르지는 않
습니다. 거꾸로 담배를 피운다고 해서 '흡연주의'라고 부르

지도 않고요. 그런데 왜 채소만 먹는다고 해서 '채식주의'라고 부를까요? 이런 식이라면 탕수육 부먹파는 '부먹주의자'라고 불러도 될까요? 민트 초콜릿을 좋아하는 민초단은 '민초주의자'라고 불러도 될까요? 담배를 포함해서 다른 음식에는 '주의'라는 말을 붙이는 경우가 없는데 왜 채식에만 유독 '주의'를 붙일까요? "난 담배를 피우지 않아"라고 말하지 "난 금연주의자야"라고 말하지 않는 것처럼, "난 채식을 해"라고 말하면 되지 왜 "난 채식주의자야"라고 말할까요?

'주의'主義를 국어사전에서 찾아보면 "굳게 지키는 주장이나 방침"이라고 풀이되어 있습니다. 이것은 단순히 내가 가지고 있는 생각과는 다릅니다. '주의'가 붙은 말 중 가장 많이 알 것 같은 '민주주의'를 생각해 봅시다. 민주주의는 국민에게 권력이 있는 정치 제도를 말합니다. 누군가가 민주주의를 지지하는 신념을 가지고 있다고 해 봅시다. 이때의 신념이 다른 사람이 민주주의를 지지하든 말든 나만 민주주의를 굳게 믿으면 되는 것을 말할까요? 그렇지 않습니다. 나도 민주주의를 지지하지만 다른 사람들도 민주주의를 지지해야 한다고 생각합니다. 한 국가에서 민주주의와 독재 정치가 동시에 있을 수는 없지 않겠어요? 이처럼 '주의'가 붙는 신념은 내가 갖는 생각을 모든 사람들에게 갖게 하려는 것이 가능하고 또 그래야 의의가 있는 것을 말합니다. 이것을 조금 어려운 말로 '보편화'한다고 말합니다. 다른 사람들이 나의 신념을 갖도록 설득하여 그 생각을 두루 퍼지게 하는 것이죠.

보편화가 되지 않는 또는 애초에 그런 의도가 없는 신념도 많습니다. 그런 데는 '주의'라는 말을 붙이지 않습니다. 내가 담배를 피운다고 해 봅시다. 나는 나만 피우면 되지 굳이 다른 사람들도 담배를 피워야 한다고 생각하지 않습니다. 그러니 '흡연주의'라는 말은 성립하지 않습니다. 부먹파나 민초단도 마찬가지입니다. 인터넷에 보면 부먹파와 찍먹파, 민초단과 반민초단이 싸우기는 합니다. 그렇지만 그게 진지한 싸움이 아닌 건 다 알죠? 어떤 신념이 '주의'가 되기 위해서는 다른 사람을 설득할 수 있어야 하는데, 입맛은 애초에 다른 사람을 설득할 수 있는 성격의 것이 아닙니다. 민트 초콜릿을 싫어하는 사람은 왜 싫어하나요? 치약 냄새가 난다고 싫어합니다. 그러면 반민초단이 민초단을 설득할 수 있을까요? 민트 초콜릿은 치약 냄새가 나니 너도 싫어해야 한다고요? 민초단은 바로 그 치약 냄새가 좋아서 민트 초콜릿을 좋아하는 사람들입니다. 그러니 어떻게 민트 초콜릿을 싫어하라고 설득할 수 있겠어요? 민초단과 반민초단은 서로의 입맛을 인정하고 함께 살아가야 합니다. 부먹파와 찍먹파도 마찬가지고요.

어떤 신념에 '주의'라는 말을 붙일 수 있는 조건을 알아봤습니다. 그렇다면 앞에서 채식을 하는 이유로 제시했던 사람들은 채식주의자라고 불러도 될까요? 건강을 위해서나 고기가 먹히지 않아서나 종교를 이유로 고기를 먹지 않는 사람들은 진정한 채식주의자일까요? 일단 건강을 위해서 그리고 고기가 먹히지 않아 채식을 하는 사람들은 채식 '주의자'는 아닙니다. 이 사람들은 개인적인 이유로 채식을 하는 것이지 다른 사람도 채식을 해야 한다고 설득할 생각이 전혀 없으니까요.

그러면 종교를 이유로 고기를 먹지 않는 사람은 어떨까요? 종교는 선교 또는 포교를 합니다. 그 말은 자신의 종교적 신념을 다른 사람에게 설득하려고 한다는 뜻입니다. 그렇다면 건강을 위한 채식이나 고기가 먹히지 않아서 하는 채식과 달리 종교에 의한 채식은 채식주의라고 불러도 될까요? 여기서 결정적인 문제가 있습니다. 종교에 의한 채식은 분명히 보편화를 시도하기는 합니다. 그러나 중간에 막혀 버립니다. 힌두교는 왜 고기를 먹으면 안 된다고 가르칠까요? 채식은 아니지만 이슬람교는 왜 돼지고기를 먹으면 안 된다고 가르칠까요? 바로 자신이 믿는 신이 그렇게 명령했기 때문입니다. 신이 고기를 먹지 말라고 또는 특정한 고기를 먹지 말라고 한 것이 교리이고, 그 신자들은 교리를 지키려고 하는 것입니다. 그런데 그 신을 믿지 않는 사람에게 이게 설득이 될까요? 나는 그 신을 믿지 않는데 그 신이 한 말을 지켜야 할 이유가 없잖아요? 더 이상 설득이 안 됩니다. 종교에 의한 채식은 채식주의가 되려고 시도는 하지만 성공은 하지 못한다고 봐야 합니다.

다른 사람을 설득할 때는 보편적인 이성을 가진 인간이라면 누구나 동의할 수 있는 근거를 제시해야 합니다. 좀 어려운 말인가요? 치약 냄새를 좋아하는 입맛은 인간이라고 해서 누구나 가진 것은 아닙니다. 최근에는 과학 연구로 민트나 고수나 오이처럼 호불호가 있는 음식은 사람마다 그것을 느끼는 미각 또는 후각 수용체가 다르기 때문이라는 것이 밝혀지기도 했습니다. 그러니 사람마다 다른 입맛을 근거로 다른 사람들을 설득할 수는 없는 것입니다.

힌두교도. 사진 Pixabay 제공 @balouriarajesh

이슬람교도. 사진 Pixabay 제공 @Konevi

힌두교는 왜 고기를 먹으면 안 된다고 가르칠까?
채식은 아니지만 이슬람교는 왜 돼지고기를 먹으면 안 된다고 가르칠까?
바로 자신이 믿는 신이 그렇게 명령했기 때문이다.
그런데 그 신을 믿지 않는 사람에게 이게 설득이 될까?

그러나 이성은 누구나 가지고 있습니다. 이성이라고 하니 거창해 보이지만 이성의 가장 쉬운 예는 계산하는 능력입니다. 이성이 있는 인간은 누구나 2 더하기 3은 5라고 계산합니다. 이런 이성을 근거로 다른 사람을 설득해야 한다는 겁니다. 지금부터 설명하려는 윤리적 채식주의가 그런 이론입니다. 이성을 가진 사람이라면 누구나 채식을 해야 하는 이유를 제시하는 이론입니다.

사람을 길러서
죽인다면?

윤리나 도덕이란 말을 들으면 좀 고리타분해 보이나요? 여기서는 대부분의 사람들이 지키는 최소한의 윤리만 이야기해 보겠습니다. "친구가 어려울 때 도와주어라"도 윤리적 규칙이고, "다른 사람을 이유 없이 때리지 마라"도 윤리적 규칙입니다. 하지만 앞엣것은 지키기 어렵습니다. 그래서 이 규칙을 지키면 훌륭하다고 칭찬은 받지만 안 지켜도 비난까지 받지는 않습니다. 반면에 뒤엣것은 지키기도 쉽고(안 때리면 됩니다) 그만큼 안 지키면 비난을 받습니다. 지금 말하는 최소한의 윤리는 "다른 사람을 이유 없이 때리지 마라"처럼 안 지키면 비난을 받는 그런 것을 말합니다. 이것은 고리타분한 게 아니라 반드시 지켜야 하는 규칙이겠죠?

"다른 사람을 이유 없이 때리지 마라"라는 윤리 규칙은 민초의 경우처럼 다른 사람이 좋아하든 말든 상관없는 것일까요, 아니면 모든 사람들이 지켜야 하는 것일까요? 민초는 다른 사람들이 좋아하도록 설득할 수도 없고 그럴 필요도 없지만, "다른 사람을 이유 없이 때리지 마라"라는 규칙은 당연히 모든 사람들이 지키도록 설득해야 합니다.

나는 다른 사람을 이유 없이 때리지 않겠다는 규칙을 지키며 살겠지만, 너는 알아서 하라고 말할 수는 없습니다. 그 사람이 당장 나를 이유 없이 때릴 수 있을 테니까요. "다른 사람을 이유 없이 때리지 마라"와 같은 윤리 규칙은 보편화가 될 수 있고 또 되어야 하는 성격의 것입니다.

이성을 가진 인간이라면 누구나 동의할 수 있는 근거를 제시해서 이 규칙을 받아들이도록 다른 사람을 설득할 수 있습니다. 예컨대 "너도 누구한테 이유 없이 맞으면 싫지 않겠니? 그러니 너도 다른 사람을 이유 없이 때리면 안 돼"라는 식으로 설득합니다. 이성이 있는 사람이라면 누구나 다른 사람한테 이유 없이 맞는 것을 싫어합니다. 그러니 역지사지로 다른 사람도 나처럼 아프겠구나, 하고 생각하는 것입니다. 이 역지사지에 이성의 능력이 작용합니다.

지금 윤리적 채식주의를 설명하기 위해 윤리를 말하고 있습니다. 그리고 입맛과 같은 개인의 선택에는 윤리가 적용되지 않는다고 했습니다. 그런데 좀 이상합니다. 고기를 먹고 안 먹고도 부먹이나 찍먹, 민초단이나 반민초단처럼 개인의 선택의 문제인 것 같은데, 거기에 윤리가 적용될까요? "채식을 하라"라는 것은 보편화가 될 수 없고, 그래서 "다른 사람을 이유 없이 때리지 마라"와 달리 윤리 규칙이 될 수 없는 것 아닐까요?

채식을 하라는 것은 육식을 하지 말라는 뜻입니다. 우리가 먹는 고기는 어디서 왔을까요? 마트에 가면 고기가 포장되어 있습니다. 고기를 포장하기 위해서는 먼저 동물을 죽여야 합니다. 그리고 동물을 죽이기 위해서는 동물을 길러야 합니다. 예전에는 사냥을 하기도 했지만, 지금은 사냥은 거의 없어졌으니(바다나 강에서 물고기를 잡는 것도 사냥은 사냥입니다만) 기르는 방법밖에 없습니다. 소나 돼지나 닭을 기르고 죽여야 고기는 우리 상에 오를 수 있는 것입니다. 이 과정에서 동물에게 고통을 줍니다. 좀 무서운 이야기지만, 동물을 죽일 때는 당연히 고통을 주지 않겠어요? 그리고 동물을 기를 때도 그에 못지않은 고통을 줍니다. 어떤 고통을 주는지 좀 있다 말해 보겠습니다.

동물을 기르거나 죽일 때 고통을 주는 것, 이게 바로 윤리적인 문제가 됩니다. 사람을 길러서 죽인다고 하면 생각만 해도 끔찍합니다(영화 〈에이리언〉이나 〈프레데터〉의 외계인은 인간을 잡아먹지만 사육은 안 하고 사냥해서 잡아먹기만 합니다. 아마 인간이 많아서 굳이 사육할 이유가 없어서 그런 것 같습니다. 어쨌든 끔찍합니다). 하물며 고통을 줘서 기르거나 죽인다고 하면 더 말할 것도 없겠죠. 이것은 선택의 문제, 호불호의 문제가 아님을 누구나 압니다. 나는 사람을 길러서 잡아먹지 않을 테니, 너는 알아서 해라, 이런 태도를 취하는 사람은 없습니다. 누구나 그렇게 해서는 안 된다고 생각합니다. 윤리적 채식주의를 주장하는 사람도 마찬가지로 생각합니다. 동물에게 고통을 줘서 기르거나 잡아먹는 것은 누구에게나 비윤리적이라고 생각하는 것입니다.

인간과 동물은
엄연히 다른데…

여기서 이런 생각을 하는 사람들이 있을 것입니다. 동물은 우리와 다르지 않은가? 당연히 사람은 길러서 잡아먹으면 안 되지만 동물은 그래도 되지 않는가? 우리 인류는 오랫동안 그렇게 해 왔고, 또 동물이 불쌍하긴 하지만 사람은 고기를 먹지 않으면 살 수 없으니 고기를 먹는다고 윤리적으로 비난하는 것은 너무하지 않은가?

쉽게 말해 사람과 동물은 다르다고 생각하는 것입니다. 사람을 때리거나 심지어 죽이는 것은 옳지 않다고 누구나 생각할 것입니다. 이것을 조금 어려운 말로 사람은 '윤리적 고려'의 대상이 된다고 말합니다. 그러니 사람을 윤리적으로 고려하지 않으면 비난을 받게 되고, 사람들 각자는 윤리적으로 고려받을 권리가 있습니다. 반면에 동물은 윤리적 고려의 대상이 아니라고 생각하는 것입니다.

물론 최근에는 애완동물을 기르는 사람들이 많이 늘어나서 동물이 윤리적 고려의 대상이 아니라고 생각하지는 않는 분위기입니다. 개를 자동차에 매달아 끌고 가거나 거리의 고양이를 잔인하게 죽이는 사람들의 뉴스가 나오면 사람들은 분개합니다. 동물을 학대하는 사람을 비난한다는 말은 동물은 윤리적 고려의 대상이라고 사람들이 생각한다는 뜻입니다. 그런데 그런 비난은 대체로 애완동물에 그칩니다. 우리가 주로 먹는 소나 돼지나 닭을 농장 동물이라고 부르는데, 농장 동물은 윤리적 고려의 대상이라고 생각하는 경향이 많지는 않습니다. 먹는 동물과 기르는 동물은 다르다고 생각하는 것 같습니다.

왜 먹는 동물이든 기르는 동물이든 모두 윤리적 고려의 대상이 되어야 할까요? 동물이 불쌍해서요? 동물이 귀여워서요? 앞에서 이성을 가진 인간이라면 받아들일 수 있는 근거를 제시하여 설득하라고 했습니다. 그런데 동물을 불쌍하게 생각하지 않는 사람은 많습니다. 귀엽게 생각하지 않는 사람도 많고요. 그러니 그런 근거로 설득할 수는 없습니다. 앞에서 사람을 때리거나 죽이는 것은 옳지 않다고 누구나 생각한다고 말했습니다. 이것을 부정할 사람은 아무도 없습니다. 이 당연한 진리에서 시작해 봅시다.

방금 당연하다고 했지만 정말 당연할까요? 지금은 당연하지만 불과 몇십 년 전만 하더라도 당연하지 않았습니다. 우리나라도 조선 시대 말까지는 노비 제도가 있었습니다. 미국도 19세기 중반까지 노예 제도가 있었고요. 노비나 노예를 함부로 때리거나 죽이지는 않았습니다. 그들을 존중해서가 아닙니다. 일을 해야 하는 재산인데 때리거나 죽이면 일을 할 수 없으니까요. 혹시 때리거나 죽여도 법으로는 금지되어 있지만 실제로 처벌받는 경우는 드물었습니다. 자기 물건을 자기가 함부로 하는데 남이 간섭할 이유가 없다고 생각한 것입니다.

미국에서는 1960년대까지만 해도 노예 제도는 없어졌지만 흑인을 차별하는 법률이 있었습니다. 공립 학교도 흑인이 다니는 학교와 백인이 다니는 학교가 따로 있었고, 대중교통에서도 흑인 자리와 백인 자리가 따로 있었고, 심지어 공공 화장실, 식수대도 따로 있었습니다. 당시 상당수 미국 백인들에게는 백인과 흑인을 구분하는 것은 당연하게 생각되었습니다. 당시는 이것을 '분리 정책'이라고 불렀는데, 지금은 '차별'이라고 합니다.

흑인과 백인은 분명히 다릅니다. 피부색이 다르죠. 그런데 그게 흑인과 백인을 차별할 이유가 되나요? 우리는 성씨가 다릅니다. 누구는 김씨고 누구는 최씨입니다. 하지만 다른 성씨가 학교를 따로 다니고 화장실도 따로 써야 할 이유가 된다고 생각하는 사람은 아무도 없습니다. 우리는 성씨가 다르다고 해서 차별하면 윤리적으로 옳지 않다고 생각합니다. 곧 성씨는 사람을 '윤리적으로 고려할 이유'가 되지 않는 것입니다.

그러면 우리가 물어야 할 것은 이것입니다. 피부색은 사람들을 차별할 이유가 될까요? 21세기를 사는 우리들은 다들 옳지 않다고 생각할 것입니다. 그런데 그 이유는 뭘까요? 왜 피부색에 따라 학교나 화장실을 분리하는 정책이 옳지 않을까요? 윤리적 채식주의를 이야기하다가 이 질문을 하는 이유는 이 질문의 답을 동물의 차별에도 적용할 수 있기 때문입니다.

〈그린북〉이라고 2018년에 나온 미국 영화가 있습니다. 1960년대 흑백 차별이 있던 시절의 이야기입니다. 흑인 피아니스트인 셜리 박사가 흑백 차별이 심했던 남부 지역으로 순회공연을 가는데 토니라는 백인이 운전기사로 동행하는 줄거리의 영화입니다. 당시 남부는 백인과 흑인이 묵는 호텔도 달랐습니다. 흑인이 숙박할 수 있는 호텔 리스트를 적은 책자가 영화 제목인 '그린북'입니다. 셜리 박사가 남부의 고

미국에서는 1960년대까지만 해도 흑인을 차별하는 법률이 있었다.
공립 학교도 흑인이 다니는 학교와 백인이 다니는 학교가 따로 있었고,
대중교통에서도 흑인 자리와 백인 자리가 따로 있었고,
심지어 공공 화장실, 식수대도 따로 있었다.
사진 Pixabay 제공 @WikiImages

급 저택에서 연주회를 하다가 쉬는 시간에 이 영화에서 가장 주목할 만한 사건이 일어납니다. 박사가 화장실을 가려고 하자 백인 집주인이 셜리 박사를 잡으며 건물 밖에 있는 재래식 화장실을 가라고 합니다. 자신들이 초대한 유명 피아니스트인데도 흑인이라 같은 화장실을 쓸 수 없다는 것입니다.

사람은 누구나 용변의 욕구가 있습니다. 피부색이 다르다고 해서 그 욕구가 없거나 적은 것은 아닙니다. 그리고 동물과 달리 자존심을 지키며 용변을 보고 싶어 합니다. 이것은 너무 뻔한 사실입니다. 그런데도 1960년대까지는 이 뻔한 사실을 인정하지 않고 피부색이 다르다고 해서 다른 화장실을 이용하게 했습니다. 사람은 누군가로부터 분리되었다고 생각하면 자존감이 상합니다. 그것은 피부색과는 상관없습니다. 셜리 박사는 결국 재래식 화장실 대신 30분 걸려 호텔 화장실에 갔다 옵니다.

피부색이 다르다고 해서, 성별이 다르다고 해서, 그리고 머리가 좋거나 나쁘다고 해서 사람들을 차별하면 안 되는 이유는 바로 이것입니다. 피부색, 성별, 아이큐 따위와 상관없이 사람이면 누구나 가지고 있는 기본적인 본성을 무시했기 때문입니다. 용변을 보고 싶은 것, 자존심을 지키고 싶은 것, 이유 없이 맞고 싶지 않은 것, 가족과 함께 살고 싶은 것, 동료들과 친한 관계를 유지하고 싶은 것, 타고난 재능을 개발하고 싶은 것, 쾌적한 환경에서 살고 싶은 것, 죽고 싶지 않은 것 따위가 그런 본성입니다. 노비나 노예, 흑인이라고 해서 이런 본성이 없는 것은 아닌데 그것을 무시했습니다.

피부색에 따라 학교나 화장실을 분리하는 정책이 옳지 않은 것은 바로 인간이면 누구나 가지고 있는 이런 기본적인 본성을 존중하지 않았기 때문입니다.

동물의 본성도
존중되어야 한다

예고했듯이 사람을 차별하면 안 되는 이유를 동물에 적용해 봅시다. 사람을 차별하면 안 되는 이유는 사람이면 누구나 가지고 있는 본성을 존중하지 않는 것은 옳지 않기 때문이라고 말했습니다. 그러면 사람이나 동물이 모두 가지고 있는 본성을 존중하지 않는다면 그것도 옳지 못하겠네요? 맞습니다. 인간과 동물은 분명히 다릅니다. 인간은 이성이 있고 언어를 사용할 줄 압니다. 대부분의 동물은 그런 능력이 없습니다. 그래도 동물이 인간과 마찬가지로 가지고 있는 본성이 있습니다. 그것을 존중해 주어야 합니다. 머리가 나쁜 사람이라도 인간이라면 가지고 있는 본성을 존중해 주어야 하는 것이나 마찬가지입니다.

물론 동물은 위에서 말한 인간의 특성을 모두 가지고 있지는 못합니다. 대표적으로 동물은 자존심을 지키며 용변을 보고 싶은 본성은 없습니다. 동물들은 싸고 싶을 때 아무 데서나 싸므로 인간처럼 화장실을 만들어 줄 필요는 없습니다. 그러나 동물이라고 해서 이유 없이 맞고 싶을까요? 가족과 떨어져 살고 싶을까요? 동료들과 친한 관계를 유지하고 싶지 않을까요? 타고난 재능을 개발하고 싶지 않을까요? 쾌적한 환경에서 살고 싶지 않을까요? 죽고 싶지 않은 본성이 없을까요?

이 질문에 대답하기 위해 우리가 가장 많이 먹는 닭을 예로 들어 봅시다. 영화 〈그린북〉에서 토니는 캔자스를 지나다가 캔자스에 왔으면 프라이드치킨을 먹어야 한다고 셜리 박사에게 권합니다. 그러자 박사는 프라이드치킨을 한

번도 안 먹어 봤다고 합니다. 프라이드치킨은 흑인 노예들이 먹던 음식인데요. 처음엔 거절하던 박사는 토니를 따라 맛있게 먹습니다.

우리나라에서 치킨은 국민 간식입니다. 그런데 불과 한 세대 전만 해도 그렇게 쉽게 먹을 수 있는 음식이 아니었습니다. 예전에는 집에서 몇 마리씩 닭을 기르다가 장날이 되면 장에 가서 팔았습니다. 지금은 한 사람이 수만 마리를 기릅니다. 대량 사육이니 당연히 가격이 싸지고 대중적인 음식이 되었겠죠. 그런데 그 많은 닭을 어떻게 기를 수 있을까요? 예전에는 마당에서 길렀습니다. 지금은 어림없습니다. 일고여덟 마리의 닭이 든 닭장을 차곡차곡 쌓은 모습을 티브이에서 본 적이 있을 것입니다. '배터리 케이지'라고 하는 것입니다.

닭도 쾌적한 환경에서 살고 싶은 본성이 있습니다. 흙을 쪼고 높은 곳에 오르는 것이 닭의 본성입니다. 배터리 케이지에서는 이것이 불가능합니다. 바닥은 철망이고, 높이 오르기는커녕 날갯짓도 못합니다. 사람으로 치면 정원을 초과한 엘리베이터에서 평생을 살라고 하는 것과 똑같습니다. 우리는 닭이 머리가 나쁘다고 비웃습니다. 머리 나쁜 사람에게 '닭대가리'라는 속어를 씁니다. 닭이 우리 인간보다 머리가 나쁜 것은 사실입니다. 그러나 머리가 나쁜 사람에게 비좁은 엘리베이터에서 평생을 살라고 하면 될까요? 말도 안 됩니다. 머리가 나쁜 닭이라고 해도 날갯짓도 못할 정도로 좁은 공간에서 평생을 살라고 하는 것은 마찬가지로 말도 안 됩니다. '닭인데 좀 어때'라고 생각하는 것은, 몇십 년 전에 '흑인인데 좀 어때'라고 생각한 백인과 다름없는 사고방식입니다.

우리는 닭을 싼 값에 먹는 대신에 쾌적한 환경에서 살고 싶지 않은 닭의 본성을 무시하고 있습니다. 닭은 병아리 시절에는 엄마 닭과 함께 삽니다. 병아리가 엄마 닭을 졸졸 따라다니는 모습은 이제 동화에서나 볼 수 있습니다. 거기에서 닭은 동료 닭과 평화롭게 모이를 찾으며 놉니다. 그러나 날갯짓도 할 수 없는 배터리 케이지에서는 스트레스가 높아지다 보니 옆에 있는 닭을 부리로 쪼며 싸웁니다. 닭이 상처가 나면 죽거나 살아도 상품 값이 떨어지니 양계장 주인은 닭의 부리를 잘라 버립니다. 지금의 닭은 이렇게 그 본성을 전혀 존중하지 않는 방식으로 사육됩니다.

한 세대 전의 우리 조상들은 닭의 본성을 존중하며 길

렀습니다. 낮에는 마당에서 마음대로 놀도록 했고, 닭은 지붕에도 나무에도 올라갔습니다. 밤에는 들짐승이 잡아먹으므로 닭장에 가두긴 했지만, 높은 곳에 올라가라고 홰대를 만들어 줬습니다. 요즘도 이렇게 기르면 닭고기 값이 비싸지겠죠? 그러나 이것은 노예를 해방시키면 노예에게 의존하던 목화 값이 비싸지니 해방시키면 안 된다고 했던 것과 마찬가지 아닐까요?

지금 닭을 예로 들어 현대의 사육이 동물의 본성을 존중하지 않으면서 이루어짐을 설명했습니다. 소나 돼지도 정도의 차이가 있지만 마찬가지로 동물의 본성을 존중하지 않으면서 사육됩니다. 그래서 예전에는 명절에나 먹을 수 있었던 소고기나 돼지고기를 지금은 자주 먹을 수 있게 된 것입니다.

육식이 환경과
인류에게 끼치는 영향

이제 왜 고기를 먹고 안 먹고의 문제가 윤리와 관련되

닭도 쾌적한 환경에서 살고 싶은 본성이 있다.
사진 Pixabay 제공 @guvo59

는지 이해가 되나요? 나의 행동이 다른 사람에게 영향을 끼치면 그게 윤리의 문제가 되는 것처럼, 내가 고기를 먹는 행동이 동물에게 영향을 끼치기 때문에 윤리의 문제가 되는 것입니다. 흑인을 차별하는 것은 '인종 차별주의'라고 부릅니다. 비슷하게 여자라고 해서 차별한다면 '성차별주의'라고 부릅니다. 철학자들은 동물을 차별하는 것을 가리키기 위해 '종 차별주의'라는 새로운 말을 만들었습니다.

고기를 먹는 것이 윤리적으로 옳지 않은 것은 바로 종 차별주의 때문입니다. 윤리적 채식주의는 고기를 먹기 위해서는 종 차별주의를 저지르기 때문에 육식은 옳지 않다고 주장하는 것입니다. '동물인데 뭐 어때'라고 생각한다면 그것은 종 차별주의이고요. 물론 고기를 먹는 사람이 동물을 직접 기르는 사람은 아니므로 닭의 본성을 직접 해치는 행동을 하는 것은 아닙니다. 그러나 고기를 찾는 소비자가 있으니까 그런 사육을 하겠지요. 좋게 말하면 그런 사육을 방조한 것이고 나쁘게 말하면 조장한 것입니다.

윤리적 채식주의는 우리가 고기를 먹는 행위가 동물에게 영향을 끼치는 데서 그치는 것이 아니라, 환경과 인류에게 끼치는 영향도 지적합니다. 예전에는 농가에서 소나 돼지나 닭을 몇 마리씩 길렀습니다. 소에게는 풀을 베어서 먹였고 돼지에게는 사람이 먹다 남은 음식을 줬고 닭에게는 곡물이나 채소를 주었습니다. 가축이 눈 똥오줌은 작물이 자라기 위한 거름이 되었습니다. 자연에서 자란 것으로 가축을 먹였고 가축은 다시 자연을 번성하게 했습니다. 하지만 이런 소규모 농업으로는 사람들의 고기 수요를 댈 수가 없습니다. 그래서 지금은 한 농장에서 수천 마리, 수만 마리를 기르는 '공장식' 축산업을 합니다. 풀을 베어 그 많은 소를 먹일 수 있을까요? 사람이 먹다 남긴 음식으로 그 많은 돼지를 먹일 수 있을까요? 불가능합니다. 그래서 옥수수와 콩 같은 곡물로 사료를 만듭니다.

여기서 몇 가지 문제가 생깁니다. 옥수수와 콩을 기르기 위해서는 넓은 땅이 필요합니다. 그래서 아마존 같은 숲을 베어 버리고 그곳에 옥수수와 콩을 기릅니다. 지구의 허파라는 아마존의 숲이 파괴되는 것입니다. 소규모 농업에서 가축이 싼 똥오줌은 거름이 된다고 했습니다. 그러나 수천, 수만 마리의 가축이 싼 똥오줌은 거름으로 쓰기에는 어마어마한 양입니다. 그리고 잘 알려진 것처럼 소의 트림과 방귀도 대기를 오염시킵니다. 그게 별거냐고 생각할지 모르지만 너무 많은 소가 동시에 트림을 하고 방귀를 뀌기 때문에 문제가 되는 것입니다. 공장식 농장은 이렇게 환경에 나쁜 영향을 끼칩니다.

지구에는 아직도 굶는 사람들이 많다는 말을 들었을 것입니다. 가축을 먹일 옥수수와 콩을 사람이 직접 먹으면 굶는 사람을 줄일 수 있습니다. 옥수수와 콩을 사람이 직접 먹나 그것을 소에게 먹여 그 소고기를 먹나 마찬가지 아니냐고요? 그렇지 않습니다. 옥수수와 콩을 소가 먹고 그 소고기를 사람이 먹으면 옥수수와 콩을 바로 먹는 것보다 먹을 수 있는 양이 10분의 1 정도로 줄어듭니다. 굉장히 비효율적이죠. 그리고 현실적으로 굶는 사람들은 가난한 나라에 있는데 콩 대신 소고기를 먹으면 되지 않느냐는 것은 말이 안 되지요?

세상에는 고기 외에는 먹을 것이 거의 없거나 별로 없는 민족들도 있기는 합니다. 극단적으로 알래스카 같은 곳은 식물이 자라지 못하므로 거기 사는 이누이트는 물개나 물고기밖에 먹을 것이 없습니다. 그리고 애초에 토지가 척박해서 농사를 짓기가 힘들기에 가축을 몰고 여기저기 돌아다니며 사는 유목민도 고기나 유제품을 주로 먹을 수밖에 없습니다. 그들에게는 육식이 윤리적으로 문제가 될 수 없습니다. 할 수 없는 것을 하라고 할 수는 없으니까요.

그러나 고기를 먹지 않아도 영양에 문제가 없는 민족에게는 육식이 윤리적으로 문제가 될 수 있습니다. 할 수 있는 것은 해야 하니까요. 현대 의학에서는 채식이 영양학적으로 문제가 없다고 말합니다. 채식을 하는 수억 명의 힌두교도들이 이를 증명합니다. 물론 채식을 하기 위해서는 식물성 단백질 등의 영양분이 부족하지 않도록 균형 있게 잘 섭취해야 합니다. 힌두교도들은 채식의 오랜 역사에서 그것을 배워 왔습니다.

고통 없이 죽이면
괜찮을까?

이런 궁금증이 생긴 사람이 있을 것 같습니다. 육식이 동물의 본성을 해치면서 사육하기에 윤리적으로 문제가 된다면 예전 세대처럼 동물의 본성을 존중하면서 사육하면 괜찮지 않느냐고요. 그러면 윤리적으로 문제없는 육식이

지구에는 기아에 시달리는 사람이 10억 명이 넘는다.
가축을 먹일 옥수수와 콩을 사람이 직접 먹으면 굶는 사람을 줄일 수 있다.
사진 Pixabay 제공 @billycm

가능하지 않겠느냐고요. 이런 주장을 '윤리적 육식주의'라고 부를 수 있겠네요.

　아무리 동물의 본성을 존중하면서 사육한다고 하더라도 고기로 먹기 위해서는 동물을 죽여야 합니다. 도살을 할 때 고통을 주면 당연히 안 됩니다. 만약 고통을 주지 않고 도살을 한다면 그것은 윤리적으로 문제가 없을까요? 사람은 누구나 죽고 싶지 않은 본성이 있습니다. 따라서 아무리 고통 없이 죽인다고 해도 사람을 죽이면 안 됩니다. 동물도 죽고 싶지 않은 본성이 있을까요? 죽음과 관련된 물음이니 어려운 철학적 물음인 것은 맞습니다. 그러니 영화로 설명을 해 보죠.

　봉준호 감독의 영화 〈옥자〉(2017)는 슈퍼 돼지인 옥자가 주인공입니다. 슈퍼 돼지는 코끼리만 한 덩치로 고기를 많이 생산할 목적으로 유전 공학으로 만들어졌는데 의도치 않게 인간과 같은 지능까지 생겨 버렸습니다. 영화 뒷부분에서 슈퍼 돼지들을 도살하는 장면이 나오는데, 도살장으로 끌려가는 어떤 어미 돼지가 새끼 돼지를 도살장 밖으로 밀어내는 장면이 나옵니다. 죽음의 의미를 이해하는 것이죠. 이런 지능을 가진 동물을 죽이는 것은 설령 고통 없이 죽이더라도 잔인한 짓입니다. 이 영화의 메시지도 비윤리적인 사육과 도축을 반대하는 것입니다.

옥자는 산골 소녀인 미자와 함께 자랍니다. 그런데 옥자와 미자는 함께 계곡에서 물고기도 잡아먹고, 미자 할아버지는 미자가 닭백숙을 좋아한다고 닭을 잡아 백숙도 만들어 줍니다. 왜 이 영화는 슈퍼 돼지의 도살은 반대하는 메시지를 주면서 물고기나 닭을 먹는 모습은 보여 줄까요? 앞뒤가 안 맞는 것일까요? 이 영화가 윤리적 육식이 무엇인지 잘 보여 주는 것 같습니다. 우리가 먹는 동물들은 옥자처럼 죽음이 무엇인지 알 수 있는 지능이 있지 않습니다. 따라서 본성에 맞게 자란 동물을 고통 없이 죽인다면 윤리적인 문제가 생기지 않는다는 것이 윤리적 육식이 가능하다는 사람들의 주장입니다. 미자 가족이 옥자의 도살은 반대하면서 물고기나 닭을 먹는 것은 이런 이유 때문일 것입니다.

윤리적 육식을 이해한다면 우유나 달걀을 먹는 채식이 가능하다는 것은 쉽게 이해할 수 있을 것입니다. 소나 닭에게 고통을 주지 않고 '남는' 우유나 달걀을 먹는다면 윤리적 문제가 생기지 않을 테니까요. 닭은 하루에 한 알씩 달걀을 낳습니다. 모든 달걀을 품어 병아리가 태어나게 하는 것은 아니니 남는 달걀을 먹는 것은 닭에게 고통을 주지 않습니다. 문제는 위에서 말한 '공장식' 축산입니다. 닭도 어느 정도 나이가 들면 달걀을 많이 낳지 못합니다. 그때 굶기거나 24시간 불을 켜 놓아 밤낮을 잊게 만들면 스트레스를 받아 달걀을 강제로 더 낳게 됩니다. 이런 달걀을 먹는 것은 배터리 케이지에서 자란 치킨을 먹는 것이나 마찬가지로 비윤리적입니다.

윤리적 육식이 가능하더라도 고기를 자주 먹을 수는 없습니다. 미자 가족처럼 직접 길러 잡아먹는다면 모르겠지만, 그러지 않는 이상 동물의 본성을 존중하며 기른 고기는 공급량이 많지 않기 때문입니다. 달걀도 그리 자주 먹을 수 없을 테고요. 우리나라에는 마트에서 파는 달걀에 숫자가 적혀 있는데, 공장식 축산으로 기른 닭이 낳은 달걀인지 본성을 존중하면서 기른 닭이 낳은 달걀인지 알려 줍니다. 동물 복지 달걀은 비쌉니다.

배려의 문화가
필요해

이제 채식이 왜 윤리의 문제인지 이해했나요? 윤리적 채식주의가 옳다고 하더라도 채식을 당장 실천하기는 어렵습니다. 우리나라는 나와 다른 식습관을 아직은 쉽게 인정하지 못하는 경우가 많습니다. 학교 급식에서 그리고 직장의 회식에서 채식을 하는 사람은 먹을 게 없을 때가 많고, 채식한다고 하면 별난 사람이라는 눈총을 받기도 합니다. 그것은 우리나라 사람들이 비윤리적이어서가 아니라 다양한 문화가 공존한 경험이 많지 않아서 그렇습니다.

세상에는 힌두교 신자처럼 고기를 아예 안 먹는 사람도 많고, 이슬람교 신자처럼 특정 고기를 안 먹는 사람을 흔하게 볼 수 있다고 했습니다. 이슬람교 신자는 20억 명 가까이 됩니다. 우리나라에도 동남아시아에서 온 사람들이 많이 늘어났기 때문에 돼지고기를 먹지 않거나 다른 고기도 자신만의 방식('할랄'이라고 합니다)으로 도살한 고기만 먹는 사람들을 흔하게 볼 수 있습니다. 다양한 종교와 문화를 가진 사람들이 오랫동안 함께 사는 나라들에서는 채식을 하는 사람이나 특정 고기를 먹지 않는 사람을 위한 배려가 생활화되어 있습니다.

그런 문화가 없던 우리나라는 돼지고기를 안 먹는다거나 고기를 아예 안 먹는다면 유별난 사람이라고 생각하고, 심한 경우에는 억지로 먹이려고 하는 사람도 있습니다. 그런 문화를 이해하지 못하고 심지어 무시하는 것은 다문화 사회를 살아가는 올바른 태도가 아닙니다. 거꾸로 자신이 가지고 있는 신념이 무시받는다고 생각해 보세요. 그리고 국제 무대에 진출해서도 그런 태도를 보인다면 무례하고 독선적인 사람으로 보일 겁니다. 채식에 관해 공부하면서 이런 열린 태도도 같이 공부해야 합니다.

우리나라도 점점 다문화가 정착되어 갈 테니 채식에 대한 이해나 배려가 분명히 늘어날 것입니다. 그리고 윤리적 육식을 지향하는 사람을 위해 동물을 윤리적으로 사육하도록 하는 제도를 만들도록 정부에 요구해야 합니다. 노비나 노예 제도는 이제 없어졌습니다. 사람의 기본적인 본성을 해치는 제도이기 때문입니다. 마찬가지로 동물의 기본적인 본성을 해치는 사육 방식도 없어져야 합니다.

다양한 종교와 문화를 가진 사람들이 오랫동안 함께 사는 나라들에서는
채식을 하는 사람이나 특정 고기를 먹지 않는 사람을 위한 배려가 생활화되어 있다.
사진 Pixabay 제공 @geralt

나는 누구를 위한 비건 셰프인가?

채식 요리

안백린(천년식향 대표, 철학자 셰프)

한동안 나는 동물권 때문에 비건 셰프가 되었다고 강연을 하기도 하고, 글을 쓰기도 했다. 물론 내가 사랑하는 비인간 동물뿐 아니라 이름도 모르는 측은한 생명이 죽어 가는 고통을 알게 되면서 비건을 주장한 것은 맞다. 그러나 어느 날 곰곰이 생각해 보니 갑작스러운 비건 셰프 활동은 동물권보다 사랑하는 가족이 그 시작이었다.

비건 다이닝을
시작하며

　　나는 영국 에든버러대학에서 의료 생물학을 전공하며, 건강한 채소가 얼마나 몸에 좋은지를 알려 주는 논문을 매일 읽었다. 채소를 중심으로 한 식사는 당연히 좋다. 나는 엄마에게 케일 주스를 해 주었는데, 내가 먹으면서 너무나도 컨디션이 좋아졌기 때문이다. 건강한 음식을 만들어 주는 것은 곧 상대방을 위한 선한 행위로, 음식을 먹는 사람이 당연히 좋아할 줄 알았다. 하지만 어느 날 내 생각에 굉장히 큰 오류가 있음을 알게 되었다.

내가 매일 먹는 케일 주스가 맛이 없다는 것이었다. 심지어 오빠는 한입 마시다가 뱉었다. 오빠의 건강을 생각해서 준비한 나의 선함이 받아들여지지 않는다는 사실에, 의도가 아무리 좋아도 상대방이 싫어할 수 있다는 사실에 나는 큰 상처를 받았다. 동물성 음식보다 훨씬 더 건강에 좋은 음식이 환영받지 못한다는 것에 놀라고 또 놀랐다. 도대체 건강을 위해서 만든 케일 주스가 환영받지 못하는 이유가 무엇일까?

너무 모순적인 말이지만 나는 삼겹살을 구워 먹지 말자는 것이 아니다. 적어도 동물을 생각하며 미안하고 감사한 마음으로, 필요하다면 최소한으로 육류를 먹어야 한다고 주장한다. 그럼에도 나는 맛있어서 고기를 먹으며 동시에 사과하는 그 모순을 견딜 수 없다. 동물권을 알게 되면서 처음에는 가족들과 매일 전쟁을 했다. 정말 매일매일! 싸우면서 서로 지쳐 갔다.

나와 아빠와 오빠 사이에서 원래 고기를 먹지 않는 엄마는 안절부절못하며 어쩔 줄 몰라 했다. 나는 '중립'을 지키는 엄마에게 괜히 화풀이를 했다. 비인간 동물을 맛 때문에 먹는다는 것은 생각만 해도 너무 불편했기 때문이다. 결국 공장식 축산의 피해는 인정하지만, 불편함을 겪고 싶지 않은 우리의 현실이 나를 비건 다이닝으로 이끌었다. 비건 요리를 삼겹살처럼 맛있게 하면 어떨까? 삼겹살을 먹기보다 저절로 비건식을 하지 않을까? 서로 불편하지 않고, 맛있고 행복한 식탁이 가능하지 않을까? 이런 상상을 매일 하면서 결국 나는 요리를 시작했다.

그러나 콩고기(콩 단백) 요리는 삼겹살처럼 맛있게 만들기가 쉽지 않았다. 노력하고 또 노력했다. 계속 거절당했다. 계속되는 거절은 나의 의지를 흔들었다. 이렇게까지 노력해야 하는지, 누구를 위해 무엇을 하고 있는지 의문이 들었다. 동물을 위해? 동물을 해치는 사람들을 위해? 오히려 그들에게 윤리적인 책임감을 지우고 힘들게 하는 것이 과연 옳은 일인지도 혼란스러웠다. 그렇지만 바로 이것이 혁신이 아닐까 등등 고민이 많았다. 항상 마음은 복잡했지만 그럼에도 끊임없이, 고기를 먹는 사람들이 좋아하는 음식처럼 비건 요리를 먹기를 매일 기도했다. 때로는 그들이 맛있게 먹는 모습을 상상하다 못해 꿈에서도 '고기로 알고 먹다가 고기가 아닌 것을 알게 될 때'의 그들의 표정이 보였다.

더 많은 요리를 찾아 헤매다, 결국 미국 순 식물성 요리 학교Plant-Lab에 갔다. 이후 미국과 이탈리아, 프랑스를 돌아다니며 요리를 배웠다. 그리고 드디어 '더 어려운(그렇지만 맛있는) 식물성 요리'로 그들을 만났다. 이때 케일 주스는 나의 메뉴에 없었다. 나의 요리는 자극적이고 달고 짰다. 이런 요리들만이 고기 대신 선택을 받았기 때문이다. 바로 내가 셰프로 있는 '천년식향'의 요리들이다.

결론적으로 사람들은 행복하고 맛있게 비건 요리를 먹었다. 어쨌든 고기 섭취를 줄이는 효과는 확실했다. 채식인과 비채식인을 화해시키는 사랑의 징검다리 역할을 하고 싶었던 나의 꿈은 일단 이루어진 것처럼 보였다. 그러나 달콤 짭짤한 매력, 감칠맛과 중독성… 말만 들어도 매력적인가, 아니면 위험한가? 동시에 당신은 케일 주스가 아닌, 달고 짠 요리를 만들고 있는 의료 생물학 전공자 요리사를 어떻게 생각하는가?

더 많은 요리를 찾아 헤매다, 결국 미국 순 식물성 요리 학교에 갔다.
이후 미국과 이탈리아, 프랑스를 돌아다니며 요리를 배웠다.

속세의 유혹 꼬치(식물성 고기로 만든 갈비 꼬치)

사람들은 행복하고 맛있게 비건 요리를 먹었다.
어쨌든 고기 섭취를 줄이는 효과는 확실했다.

맛있으면
건강하지 않다?

"맛있다."

너무 멋진 단어다. 그리고 누구나 좋아한다. 싸우지(?) 않고 사람들을 비건으로 설득시킬 수 있다. 요리에 대한 자부심과 철학, 채소로 윤리적 가치를 실현할 수 있다니 얼마나 훌륭한가? 그러나 맛있다는 것은 여러모로 어렵다. 당장 비판을 받는다.

"왜 고기를 따라 하나요?"

"왜 음식이 단짠단짠한가요?"

"왜 자극적인가요?"

"이건 정크 비건junk vegan 아닌가요?"

소고기를 동물성 버터에 구우면 너무 맛있다. 그러나 콩(대체육)을 식물성 버터에 굽는 것에 대한 비판은 거세다. 사실상 같은 양의 지방을 써도 포화 지방은 고기가 높다. 하지만 기존 '콩'과 연결된 '건강'이라는 인식 때문에, 콩은 칭찬보다 비난을 받는다. 그럴 바에야 버터 바른 스테이크를 먹는다. 또다시 나의 질문이 시작되었다.

왜 건강하지 않은 스테이크는 맛있다고 먹으면서, 건강에 좋은 콩고기를 먹지 않는가?
왜 버터 바른 스테이크는 먹으면서 식물성 버터를 바른 콩고기는 먹지 않는가?
왜 비건은 건강해야 하는가?

의료 생물학을 전공한 나는 건강의 공익적 가치와 인간에게 줄 수 있는 수많은 이로움을 익히 알고 있다. 하지만 또다시 질문한다. 왜 스테이크, 삼겹살, 차돌박이는 건강하지 않아도 너무나 좋아하는데 비건은 '건강'해야 되는가? 맛있는 비건, 탐욕의 비건, 그리고 사치스러운 비건을 하면 안 되는가? 맛있고 탐욕적이고 사치스러우면 건강하지 않기 때문인가?
건강한 비건을 비판하는 말이 아니다. 왜 비건은 건강한 '초록'에 한정되어야 하는지를 묻는 것이다. 그 질문을 하면서 개발한 요리가 있다. 바로 '플레저 앤 데인저Pleasure

Pleasure & Danger(5가지 발효 소스 떡갈비)
사진 김현동 작가

왜 스테이크, 삼겹살, 차돌박이는 건강하지 않아도 너무나 좋아하는데
비건은 '건강'해야 되는가?

& Danger'인데 정말로 많은 사람들이 맛있다고 말해 주는 요리이다. 비욘드 미트(식물성 고기)를 담양 떡갈비 만들듯이 수많은 오신채(양파, 마늘, 파 등)를 넣어 동그랗게 만들고, 수제 식물성 버터와 마라 소스, 그리고 녹진하게 끓인 채수와 함께 만든 요리이다.

비건을 초록색으로만 생각하는 인식을 깨기 위해 만든 또 하나의 요리는 '섹스 앤 스테이크Sex & Steak'이다. 이 요리에는 인간의 다층성을 담았다. 고기 같지만 고기가 아닌 콩 갈비, 겉은 빨갛지만 안은 하얀 래디시, 매워 보이지만 맵지 않은 고추부각으로 우리 삶의 다층성을 느껴 볼 수 있도록 했다.

물론 초록색의 비건도 있다. 바로 '수박 사시미 세비체'이다. 5시간 동안 저온 로스팅한 연시와 싱그러운 허브 5가지, 레몬 드레싱, 과일, 핑크 목이 피클 등 30여 가지의 재료로 만든 싱그러운 요리이다. 향긋한 허브 안에 숨겨진 연시처럼 수박은 생선회 같은 식감을 가지고 있다. 생선회, 동물성을 따라 했다고 비판받기도 하지만 원래 수박 본연의 맛과 식감이다.

수박 사시미 세비체
사진 김현동 작가

당신은 수박 사시미가 회를 모방한 요리로 보이는가?
아니면 채소 본연의 맛을 살린 요리라고 생각되는가?
왜 고기를 따라 하면 안 되는가? 아니 왜 고기를 따라 하는 것처럼 생각되는가?

브로콜리, 샐러드, 케일… 많은 사람들은 채식, 순 식
물성 음식, 비건을 초록색으로 이해한다. 초록이 갖고 있는
싱그러움, 상쾌함 등의 감정과 건강성에 대한 이해 때문일
것이다. 하지만 사람이 모두 다르듯 비건도 다양하다. 비건
은 스펙트럼이다. 초록색GREEN으로 통념화되는 가치를 넘
어, 비건의 열정과 욕망을 상징하는 빨간색RED, 어둠을 상
징하는 검정색BLACK, 이러한 다양성을 보여 주고 싶다. 기존
비건의 개념을 넘어, 다양한 색상과 다양한 맛을 비건에게,
채소에게 허용하고 싶다. 그리고 그것을 즐기게 하고 싶다.

물론 맛없고 푸석한 닭 가슴살이 있듯, 맛있지만 때로
는 위험한 비건이 있을 수 있다. 이러한 생각으로 나는 손
님들의 말을 즐겁게 고민한다.

"이 집 비건인데? 비건을 표방하지 않으면 고기를 쓴다
는 말인가요?"

"비건 같지 않아요! 전 논비건인데… 어쨌든 맛있어요."

"내가 먹었던 피자 중에 가장 맛있는 피자가 비건이라
니."

"이런 맛이면 저도 비건 할래요."

이것은 나의 요리에 대한 칭찬인가, 욕인가? 매일 이런 말을 듣다 보면 정말 나는 혼란스럽다. 논비건들의 이런 말들은 칭찬인가, 욕인가?

"이렇게 꼭 짜야 하나요? 건강에 안 좋지 않나요?"

"단짠단짠해서 저랑은 안 맞아요. 간을 낮춰 주면 안 되나요?"

"30년 비건인데 가끔 이런 음식이 당길 때가 있어요. 또 올게요."

비건들의 이런 반응을 듣다 보면 더 혼란스럽다. 나의 요리는 건강에 안 좋은가? 건강에 좋다는 것은 무엇일까? 매일 먹는 것도 아닌데, 특별한 날에 돈을 내고 외식을 하는데, 집에서 해 먹을 수 있는 슴슴한 요리를 꼭 먹어야 하나? 이렇게 건강이 중요한지… 건강의 개념에 대해서도 나는 혼란스럽다.

그럼에도 오늘도 나는 요리한다. 그리고 개발한다. 그리고 생각한다. 건강에 좋은 비건 요리란 무엇일까? 자극적이면 비건이 아니라고 누가 말하고 있는가? 나는 다양한 목소리들 속에서, 단지 논비건들이 한 끼라도 고기를 먹지 않기를 바라며 최선을 다하고 있다. 감히 비건들은 '천년 식향'에 안 와도 좋다고 생각한다. 너무 위험한 발언이지만 나는 말한다. 매일 고기를 먹는 사람들이 한 끼라도 고기를 안 먹고 고기를 줄이는 것이 더 중요하다고. 어차피 비건들은 고기 안 먹으니까….

채소 주제에
비싸다니…

미슐랭 3스타 레스토랑인 일레븐 메디슨 파크Eleven Madison Park는 모든 메뉴를 비건으로 변경했다. 셰프 다니엘 훔Daniel Humm이 현 푸드 시스템은 지속가능하지 않다고 생각했기 때문이다. 훔은 말한다.

"세상은 변하고 있고 우리도 그와 함께 변해야 합니다. 제 미래는 식물을 기반으로 합니다. 이게 우리가 지켜 나갈 가치입니다."

Three textures of Tomato(에얼룸 토마토를 활용한 유기농 천연 발효 피자)

"내가 먹었던 피자 중에 가장 맛있는 피자가 비건이라니."
"이런 맛이면 저도 비건 할래요."

흄의 요리는 고기도 해산물도 없지만, 재료비가 줄어든 대신 인건비가 늘어 가격은 1인당 335달러이다. 그래도 흄의 채식 요리를 찾는 사람들은 계속 늘어나고 있다.

'팜 투 테이블Farm to Table'을 널리 알린 댄 바버Dan Barber 셰프는 블루힐Blue Hill이라는 레스토랑을 운영하고 있다. 팜 투 테이블은 농장에서 기른 작물을 그대로 식탁에 올린다는 의미로, 농장에서 식탁까지의 거리가 제로zero에 가깝다. 블루힐 농장에서는 농약을 사용하지 않은 유기농 채소와 과일을 수확하여 레스토랑으로 바로 이동해 요리를 한다. 또 인공적인 사료 대신에 풀을 뜯어먹는 소로부터 우유를 얻는다. 미국의 뉴욕, 샌프란시스코, 로스앤젤레스 등의 도시에서 채소를 위주로 한 '파인 다이닝(고급 식당)' 예약은 하늘의 별 따기이다.

푸드 테크 및 제조업에서도 이런 움직임은 활발해지고 있어서 대체육에 관심이 뜨겁다. 가장 눈여겨보고 있는 곳인 쥬시 마블스@juicymarbles는 소고기 안심을 대체육으로 재현한다. 이 외에도 비건 참치, 비건 연어, 비건 새우 등 정말로 많은 재료들이 만들어지고 있다. 이들의 가격은 높지만 계속 개발되면서 원가를 낮추고 있어, 합리적인 가격이 돼 가고 있다. 그런데 고기를 따라 하는(?) 것과 같은 대체육에 사람들이 얼마까지 꾸준히 지불할 의향이 있을까?

나는 채소라는 '사치'로 윤리적 가치를 실현한다고 감히 말한다. 사치奢侈란 "필요 이상의 돈이나 물건을 쓰거나 분수에 지나친 생활을 함"이라는 뜻이다. 그러나 필요 이상으로 채소를 먹고 채소를 사용하여 요리를 만들면 사치인가? 즉, 채소 샐러드를 먹지 않고(안 먹어도 되는) '고기 같은 채소'를 만들어서 필요 이상으로 먹는다면 채소의 사치인가? 만약 사치가 이런 의미라면 나는 계속 채소로 '사치'할 것이다. 오죽했으면 비건 오마카세(셰프의 제철 채소 9가지 요리)의 영어 이름이 럭셔리 오브 베지터블luxury of vegetable이다.

나는 채소를 싫어하는 사람들조차도 채소를 욕망하면 좋겠다는 마음을 담아 요리한다. 그러나 갈수록 힘이 빠진다. 실패할 용기, 비판받을 용기에 대해 머리로는 알지만, 마음은 아프다 못해 찢어진다. 불면의 밤이 계속된다. 바로 호텔보다 비싼 가격에 대한 비판 때문이다(천년식향의 복잡한 요리 레시피로 호텔에서 판매하면 더욱 비싸질 것을 이해함에도). 어쩌면 건강보다 사람들을 민감하게 자극하고 내가 고민하는 것은 '가격'이다.

무농약 새송이 버섯과 토종콩

"세상은 변하고 있고 우리도 그와 함께 변해야 합니다.
제 미래는 식물을 기반으로 합니다. 이게 우리가 지켜 나갈 가치입니다."
– 셰프 다니엘 훔

천년식향 요리는 비싸다. 윤리적 가치를 실현하는 가성비보다 '가심비(가격 대비 마음의 만족을 추구하는 소비 행태)'가 중요하다고 말을 하지만, 대다수의 사람들은 막상 '정성'에 자신의 지갑을 열고 싶어 하지 않는다. 비싼 것을 절대로 용납할 수 없다. '마블링 있는 고기'도 아닌 채소 주제에 비싸기까지 한 것은 용서할 수 없다. 비건들은 비싸고 건강을 표방하지 않으니 천년식향을 방문하지 않고, 논비건들은 윤리적인 소비를 굳이 할 필요가 없으니 방문하지 않는다. 이해한다. 아무리 정성을 들였어도, 안 먹어도 되는 채소 요리에 비싼 돈을 내는 것은 나도 아까웠기 때문이다.

비건 요리가 비싼 이유는 다양한 재료 때문이다. 예를 들어 세비체에 올라가는 허브는 총 다섯 가지로 잎사귀만 20g 정도를 사용한다. 허브 다섯 가지 외에 들어가는 재료는 5시간 동안 저온 로스팅한 연시, 선드라이드 토마토, 직접 담근 라즈베리, 목이버섯, 양배추, 복숭아 피클, 직접 말린 라즈베리 가루, 양배추 피클, 10가지 재료가 들어간 레몬 드레싱, 바질 오일, 채소로 우린 채수, 래디시 슬라이스, 식용꽃, 제철 과일이다. 결국 이런 다양한 재료로 요리를 하다 보면, 요리의 가격은 비쌀 수밖에 없다.

비건 요리가 비싼 또 하나의 이유는 노동력이 많이 들어가기 때문이다. 비건 요리의 소스들이 논비건 재료들과 교차되어 만들어지면 비건이 아닐 수도 있어 대부분 직접 만든다. 모든 소스들, 피자도우나 빵들이 '수제hand made'다. 그러다 보니 노동력이 엄청 든다. 이처럼 비건 요리는 직원들의 정성과 노동력으로 태어난다. 원가를 비교해 보면 동물성 버터와 식물성 버터의 주재료인 코코넛 오일의 가격은 큰 차이가 없지만, 식물성 버터는 천년식향에서 최대로 만들 수 있는 생산 용량이 겨우 2kg이다. 만드는 시간과 다회용 용기의 설거지 시간을 포함하면 동물성 버터보다 식물성 버터가 훨씬 오래 걸린다. 또한 정밀하게 그램을 계산하기 때문에, 쉽게 만들 수 없는 재료가 바로 이 버터이다.

리코타 치즈의 경우 아몬드를 불려서 갈색 껍질을 까고, 하얀 아몬드와 물을 오랜 시간 갈아 아몬드 우유를 만든 다음에, 그 아몬드 우유를 저온에서 끓이고 구연산을 넣어 굳혀 하루 이상 천에 거르면, 아몬드 리코타가 된다. 이 리코타를 소분한 후 더 맛있게 만들기 위해 서비스 직전에 다시 요리한다. 향긋한 허브들도 다져서 들어간다. 천년식향의 모차렐라 치즈는 3시간 정도 저온에서 칡 전분을 넣고 저어 모찌도우처럼 만드는데, 모찌도우는 보통 하나에 15,000원 정도에 판매된다. 우리 피자 하나에는 적어도 15,000원 정도의 모찌도우가 올라간다. 버터, 치즈를 직접 만들 뿐만 아니라, 연시, 버섯 등을 쫄깃하게 만들기 위해 2~5시간 동안 저온 조리한다. 보통 미슐랭 스타 레스토랑에서 하는 채소 요리 기법으로 수분을 쭉 날려 채소의 맛을 극대화시키는 것이다.

또 손이 많이 가는 것은 콩고기 요리이다. 콩고기 요리가 보통 맛이 없는 이유는 불리고 짜고의 과정을 한 번만 해서이다. 하지만 천년식향은 다섯 번을 한다. 그래야 콩 냄새가 안 나는 콩 요리를 만들 수 있다. 사과, 양파 등을 갈아 넣은 갈비 소스에 재우고, 높은 가격으로 판매되는 동파육을 만들듯이 오래 로스팅하여 미리 준비해 놓는다. 서비스 직전에는 다양한 소스에 불 맛을 내며 정성스럽게 구워 낸다. 또 쉽게 맛을 낼 수 있는 미원 대신 다양한 효모와 블랙솔트, 누룩 소금 등으로 감칠맛을 낸다. 그러나 만약 이러한 요리들을 5만 원 이상으로 책정한다면 그야말로 '사악한 가격'이라는 테러를 그냥 견뎌야 한다. 아니 그러다가 아마도 망할 것이다.

천년식향의 직원들은 20대이기 때문에, 처음엔 천년식향의 요리가 정말 비싸다고 생각했다고 한다. 연시를 로스팅하여 회를 만드는 것처럼 수제 버터, 수제 아몬드 리코타, 수제 모차렐라, 수제 저스트에그 생면, 수제 콩고기 등 너무나 많은 것을 수제로 만든 직원들은 말했다. 가격을 올려야 한다고…. 대용량으로 공장에서 뽑을 수 있는 것이 거의 없는데 왜 가게를 운영하는지를 묻는다. 또 비건 쿠킹 클래스로 요리를 배운 사람들은 "집에서 못 만들겠다. 정말로 손이 많이 간다. 앞으로 감사히 사 먹겠다"며 쿠킹 클래스를 떠난다.

그러나 고기 스테이크는 8만 원이 넘어가도 스테이크라는 이유로 양해되지만, 비욘드 미트와 콩고기는 3만 원만 넘어가도 엄청난 저항을 견뎌야 한다. '정성'이라고 표현되는 노동력이 가격으로 책정되지 않는 것, 그리고 '채소는 싸다'라는 인식이 가장 큰 문제이다.

결국 철학으로만 요리를 할 수 없다는 것이 슬프다. 부가가치 높은 고기 요리를 해야 비싸도 괜찮다. 그나마 지속 가능한 소상공인으로 존재할 수 있다. 하지만 천년식향이 채소 요리를 고기보다 저렴하게 판매하는데도, 천년식향을

속세의 유혹 발우(식물성 고기로 만든 갈비)

콩고기 요리가 보통 맛이 없는 이유는 불리고 짜고의 과정을 한 번만 해서이다.
하지만 천년식향은 다섯 번을 한다. 그래야 콩 냄새가 안 나는 콩 요리를 만들 수 있다.

'사악하며', '과하게 자부하며', '양에 비해 가격이 비싸며', '너무 비싸 기대에 못 미치며'라고 평가하는 문구를 볼 때마다 괴롭다. 다시 천년식향의 존재 이유를 묻는다.

만약 천년식향이 채소 요리의 윤리적인 가치를 실현하기 위해 비싼 가격을 책정한다면 윤리적인 행동일까? 이는 윤리적인 행동은커녕, 사악한 행동이 되어 버린다. 파전이 2만 5천 원이고, 보쌈이 3만 원, 한우 등심이 5만 원 이상 하는 시대에, 채소가 저렴하게 평가되는 이유를 생각한다. 또 요리를 양으로 평가한다면, 고기와 회만 높은 부가가치를 인정해 준다면, 시간과 손에 의지하는 식물성 요리는 한국에서 불가능하다. 그렇다면 가격이 비싸다는 소중한 피드백, 천년식향은 어떻게 해야 할까?

선한 마음으로
'함께' 채식하기

도산대로에 있는 식물을 테마로 한 카페에 가기 전에
전화를 했다.

"혹시 거기 완두콩 두유 라떼는 비건인가요?"

점원의 대답은 굉장히 놀라웠다.

"저희는 비건 메뉴가 없습니다."

나는 수많은 의문에 휩싸였다. 그리고 질문했다.

"거기 토마토 바질 에이드가 있던데 그것은 비건이 아
닌가요?"

점원은 답했다.

"에이드에는 설탕이 들어가서요."

내가 답했다.

"설탕은 비건인데요?"

"아…."

비건에 입문한 사람들은 이러한 대화가 이해가 가지
않을 수 있다. 왜 두유로 만든 라떼가 비건인지 내가 물어

보며, 에이드에 들어간 설탕을 왜 비건이 아닌 것처럼 점원이 대답하는지 이해하지 못할 것이다. 하지만 엄밀히 말하면, 그 점원은 틀린 말을 한 적이 없다.

우선 두유에는 우유가 들어 있는 경우가 있다. 오트밀크라고 쓰여 있는 경우, 우유에 귀리를 첨가한 것일 수 있다. 또한 콩으로만 만든 것으로 보여도, 거기에 들어간 비타민 D3는 양털에서 합성하여 만들 수 있기에 비건이 아닐 수 있다. 백설탕도 어두워진 설탕을 백색으로 바꾸기 위해 탄화골분(동물 뼈 숯가루)을 사용할 수 있기 때문에 비건이라고 하기 어렵다.

나도 일전에 소금을 샀는데 알레르기 성분 표에 우유가 쓰여 있어서 굉장히 놀란 적이 있다. 소금에 유당이 들어 있었던 것이다. 간장도 마찬가지이다. 식당에서 고기, 달걀, 생선, 유제품을 쓰지 않더라도, 소고기 다시다, 멸치 다시다는 언급하지 않는 경우가 많다. 비건으로 즐겨 먹었던 김밥에 다시다가 들어갔냐고 물었더니, 점원이 굉장히 불쾌해했던 기억이 선명하다. 어떤 채식 뷔페는 비타민 D3가 들어간 콘플레이크를 사용한다.

그러므로 위 점원은 틀린 말을 한 적이 없다. 다만 설명하기 다분히 어려운 문제에 대해 이야기하고 있는 것이다. "이걸 어떻게 다 지켜?" 이렇게 물어볼 수 있다. 어느 수준까지 물어보고 소비할 것인지는 개인의 선택이다. 그리고 국수를 먹을 때 다시다를 물어보지 않고 먹더라도, 자신을 '비건'으로 정의해도 무방하다. 하지만 당신이 비건 레스토랑이나 카페를 하고 싶다면, 이 질문은 굉장히 까다로워진다. 레스토랑이나 카페를 하려면 트러플, 팜유, 아보카도, 플라스틱, 우렁이 농법, 농약 제초제, 왁스 포장 제품 중 하나는 선택해야 하는데 이것들이 하나하나 완벽하지 않으면, 나는 비건 레스토랑을 운영할 수 없는 것인가?

철학자 메를로 퐁티는 "우리는 선과 악 중 선택하는 것이 아니다. 폭력의 강도를 선택하는 것이다. 우리가 신체를 가지고 있는 한 폭력은 불가피하다"라고 말한다. 인간은 원래 모순을 견디면서 산다. 인간으로 태어난 이상 우리는 절대 100% 선한 선택을 할 수 없다는 것이다. 실제로 비건을 '완벽한 채식주의자'로 번역하지만, 엄밀히 말하면 정확하지 않은 번역이며, 철학적 성찰이 부족한 표현일 수 있다. 물론 완벽주의 덕분에 채식을 시작해 동물과 환경에 선한 영향력을 행사할 수 있지만, 스트레스가 심각해지는 상황

밀양 농부 다님의 자연 재배, 산지 직송 야생초와 야생꽃

나는 한 끼라도 비인간 동물을 먹는 것을 줄이기 위해
맛있는 요리를 만들고 싶은 셰프다.
그래서 조금이라도, 한 끼라도, 고기를 덜 먹는 사람들이 많아졌으면 좋겠다.

에서 오랫동안 버틸 수 없다. 부담이 되고 의욕이 나지 않아 두려움을 마주하기보다, 회피하며 자신이 처한 상황에서 멀어지고 싶어 한다. 타인의 모든 기대를 충족시키는 것이 실현 불가능하다는 것을 스스로 알기 때문이다. 그럼에도 나는 요리를 하는 것이 즐겁다. 그래도 매일 묻는다.

나는 비건 셰프인가?
비건을 표방하는 셰프인가?
아니, 비건 여부를 말하지 않는 셰프인가?

어렵다. 그렇다면 질문을 바꾸어 묻는다.

나는 누구를 위한 비건 셰프인가?

확실한 것은 나를 위하고, 너를 위하며, 무엇보다도 한 끼라도 비인간 동물을 먹는 것을 줄이기 위해 맛있는 요리를 만들고 싶은 셰프라는 것이다. 그래서 조금이라도, 한 끼라도, 고기를 덜 먹는 사람들이 많아졌으면 좋겠다. 이것이 서로를 위한 선한 마음이며, 이는 함께할 때 가능하다.

비건 떡갈비 레시피

재료 :

브이민스(다진 콩고기. 베지 함박, 비욘드 미트로 대체 가능), 시금치, 찹쌀가루, 진간장, 다진 마늘, 참기름, 후추, 올리고당, 양파, 기름, 파, 양파 플레이크

조리 과정 :

① 진간장 6스푼, 다진 마늘 1스푼, 참기름 1/2스푼, 후추 1/2스푼, 올리고당 6스푼을 섞어 소스를 만든다.
② 브이민스를 적당히 뭉쳐 찹쌀가루를 충분히 묻혀 둔다.
③ 준비된 브이민스와 양파를 기름 두른 팬에 잘 볶는다.
④ 소스를 팬에 넣고 잘 배도록 졸여 준다.
⑤ 시금치 등 푸른 야채를 팬에 넣어 색의 조화를 더한다.
⑥ 접시에 플레이팅 하고 팬에 남은 소스를 잘 부어 준다.
⑦ 조리된 떡갈비 위에 파와 양파 플레이크를 올린다.

허브 새우 브루스케타 레시피

재료 :

바게트 슬라이스 3쪽, 아보카도 1개, 마요네즈, 소금, 다진 바질, 다진 비건 새우, 식물성 버터, 영양 효모, 선드라이드 토마토, 바질, 올리브유

조리 과정 :

① 아보카도 1개, 마요네즈 2테이블스푼, 소금 1꼬집, 다진 바질 1테이블스푼을 고루 섞어 아보카도 크림을 만든다.
② 아보카도 크림을 바게트 위에 올린다.
③ 중불로 달군 팬에 다진 비건 새우 3테이블스푼, 식물성 버터, 영양 효모, 소금을 넣고 볶는다.
④ 볶은 재료를 아보카도 크림 위에 올린다.
⑤ 선드라이드 토마토, 바질로 장식하고 올리브유를 뿌린다.

자연 생태계를 살리는 채식

기후 위기와 채식

전범선(가수, 작가)

이 글을 쓰려고 앉은 2022년 3월 5일 현재, 강원도 강릉과 삼척, 경상북도 울진이 불타고 있습니다. 역대급 규모입니다. 축구장 8천 개가 넘는 면적이 잿더미가 되고 있습니다. 6천 명이 넘는 사람들이 대피했고, 1명이 사망했습니다. 돌아가신 분은 86세 여성이었습니다. 요양 병원에서 나온 지 얼마 안 되어 거동이 불편한 상태였습니다. 보행 보조기를 이용해 대피하다 넘어져 숨졌습니다. 저의 친할머니도 식당에서 식사를 마치고 나오다가 넘어져 돌아가셨기 때문에 그것이 얼마나 황망한 죽음인지 잘 압니다.

산불의 원인이
기후 위기?

재난은 언제나 약자에게 더 크게 다가옵니다. 서울보

다는 지방, 부자보다는 가난한 사람, 젊고 건강한 사람보다는 노약자나 어린이가 더 위험합니다. 그리고 인간보다는 비인간 동물이 더 많이 죽습니다. 정부는 민가 주변에 소방관을 배치해서 불길을 막고 있습니다. 산 속에는 멸종 위기종인 산양을 비롯해서 여러 동물이 살고 있습니다. 그들에게는 오늘밤이 생지옥입니다. 서울에 사는 저는 강 건너 불구경하듯 영상으로만 산불을 접합니다. 국가 재난 사태를 선포했지만, 수도까지 불이 번질 가능성은 크지 않습니다.

2020년 여름, 대홍수가 났을 때도 그랬습니다. 전남 구례를 비롯한 남부 지방에 물난리가 나서 46명이 죽고 7000명 가까운 이재민이 발생했습니다. 그리고 1213명의 소들이 죽었습니다(저는 종 차별적인 언어를 지양하기 위해 비인간 동물도 마리가 아닌 명으로 셉니다). 일부는 살기 위해 지붕 위로 올라가고 산 위의 절로 도망쳤습니다. 바다 멀리 무인도까지 55km를 헤엄쳐서 살아남은 소도 있었습니다. 산불, 홍수, 가뭄, 폭염 같은 재앙이 발생하면 언제나 피해는 약자에게 쏠립니다.

전쟁도 마찬가지입니다. 지금 러시아는 우크라이나를 침략하여 무고한 시민을 죽이고 있습니다. 전쟁을 일으키고 이득을 보는 것은 대통령 푸틴과 소수의 재벌들입니다. 그러나 목숨 걸고 싸우는 건 군인들입니다. 여성과 노인, 어린이가 가장 취약합니다. 벌써 수천 명이 죽고 백만 명 이상의 난민이 발생했습니다. 재앙의 결과는 불평등합니다. 원인을 제공한 사람이 책임지지 않고 애먼 사람이 고생합니다.

이번 산불은 인재입니다. 울진에서는 누군가 도로변에 담배꽁초를 버려서 산불이 시작된 걸로 보입니다. 강릉에서는 60대 남성이 방화를 했다가 붙잡혔습니다. 마을 사람들이 자신을 무시했다는 이유였습니다. 그런데 알고 보니 이 남자는 사망한 86세 피해자의 아들이었습니다. 정말 끔찍한 비극입니다.

산불의 직접적 원인은 담배꽁초 또는 방화였지만, 근본적 원인은 기후 위기입니다. 3월치고 유난히 건조하고 강풍이 부는 날씨가 산불을 키웠습니다. 기후 위기는 지구가 뜨거워지는 현상이라고 흔히 말합니다. 18세기 산업 혁명 이후 지구는 평균 기온이 1.2도 올랐습니다. 겨우 1도 넘게 오른 것 때문에 무슨 자연 재해가 일어난다는 것일까요? 기후 위기의 핵심은 단순히 더워지는 게 아닙니다. 날씨가

2021년 오스트레일리아, 시베리아, 북아메리카, 아마존에서 대형 산불이 발생했다.
대한민국의 산불도 전 지구적 현상의 일부로 봐야 한다.
사진 Pixabay 제공 @jlujuro

불안정해지는 것입니다.

마지막 빙하기가 지나고 약 만 년 전부터 지구는 '홀로세'라고 부르는 시대에 돌입했습니다. 기후가 안정적으로 바뀌어서 농사를 짓기에 알맞은 환경이 보장되었습니다. 이러한 홀로세의 조건이 산업화 이후 무분별한 화석 연료 배출로 무너지고 있습니다. 봄, 여름, 가을, 겨울의 예측 가능했던 패턴이 바뀌고 있습니다. 21세기, 우리는 더 이상 홀로세가 아닌 '인류세'에 살고 있습니다. 인간의 활동이 지질 시대를 바꿀 만큼 큰 영향을 끼친 것입니다.

인류세는 예측 불가능한 날씨가 점점 일상이 됩니다. 장마가 여름 내내 이어진다든지, 겨울이 지나치게 건조하다든지, 일반적이지 않은 날씨가 발생하는 빈도가 높아집니다. 그래서 자연 재해가 빈번해집니다. 작년에만 오스트레일리아, 시베리아, 북아메리카, 아마존에서 대형 산불이 발생했습니다. 지금 대한민국의 산불도 이러한 전 지구적 현상의 일부로 봐야 합니다. 무엇이 문제일까요? 우리는 무엇을 해야 할까요?

소는 잘못이 없다
인간이 문제이다

이번 장에서는 기후 위기와 채식의 관계를 살펴봅니다. 산불과 홍수가 발생하는 것과 채식이 무슨 상관이 있을까요? 놀랍게도 우리가 고기를 먹고 우유를 마시면 지구가 뜨거워집니다. 축산업의 탄소 배출량은 전체의 20%에 달합니다. 저는 나아가서 기후 위기는 인간 중심주의를 벗어나야지만 해결할 수 있다고 믿습니다. 채식을 한다는 건 나의 입맛을 비인간 동물의 생명보다 앞세우지 않겠다는 뜻입니다. 인간의 단기적인 이익만 생각하는 태도를 버리고 모든 비인간 존재, 뭇 생명을 존중해야 기후 위기를 극복할 수 있습니다. 채식을 실천하는 것은 기후 위기 대응의 첫걸음에 불과합니다.

2018년 6월 〈사이언스〉지에 실린 옥스퍼드대학 조지프 푸어 박사의 논문에 따르면, 개인이 환경적 영향을 줄이기 위해 할 수 있는 최선의 선택은 채식을 하는 것입니다. 100g의 단백질을 만들기 위해 소고기 생산자는 이산화 탄소 105kg에 해당하는 온실 가스를 배출하고 370m²에 달하는 땅을 씁니다. 반면 콩을 비롯한 식물성 단백질 100g 은 이산화 탄소 0.3kg을 배출하고 땅도 1m²만 필요합니다. 온실 가스와 토지뿐만 아니라 산성화, 부영양화 등의 환경 적 영향도 마찬가지입니다. 소고기, 양고기, 새우 등이 가 장 파괴적이고, 돼지고기, 생선, 닭고기, 치즈, 우유 등이 뒤따릅니다. 두부, 두유, 견과류 등 식물성 음식은 환경적 영향이 현저히 적습니다. 왜 이토록 큰 차이가 날까요?

가장 큰 이유는 메탄가스입니다. 소, 양, 염소와 같은 반추 동물은 되새김질을 합니다. 한 번에 소화하는 게 아니 라 먹었던 것을 게워 내어 되새깁니다. 반추 동물은 소화 과 정에서 트림과 방귀를 통해 메탄가스를 방출합니다. 그런데 메탄은 이산화 탄소의 30배에 달하는 온실 효과를 일으킵 니다. 그래서 소고기와 소젖의 환경적 비용이 막대합니다.

소는 잘못이 없습니다. 인간이 먹기 위해 가두고 기르 는 것이 문제입니다. 소들을 공장식으로 사육하다 보니 막 대한 양의 분뇨가 발생합니다. 여러분도 시골길을 달리다가 코를 찌르는 악취에 창문을 닫았던 기억이 한번쯤은 있을 겁니다. 십중팔구 주변에 축사가 있기 때문입니다. 대한민 국의 축사들은 비교적 영세합니다. 미국과 호주, 브라질과 아르헨티나 등의 나라들은 훨씬 큰 규모로 소 농장을 운영합니다. 그곳에서 발생하는 똥, 방귀의 양은 실로 어마어마합니다.

그럼에도 불구하고 기후 위기 대응은 탈축산보다는 탈석탄에만 집중하고 있습니다. 화석 연료 자동차를 타면 매연이 발생합니다. 비행기도 마찬가지입니다. 항공유는 막대한 온실 효과를 일으킵니다. 그래서 환경 운동을 하는 사람들은 비행기를 타지 말자고 합니다. 스웨덴의 기후 운동가 그레타 툰베리는 유엔에서 연설을 하기 위해 요트를 타고 대서양을 건넜습니다. 자동차도 휘발유나 경유를 태우는 대신 전기차로 전환하는 추세입니다.

그런데 전 세계에서 비행기와 자동차를 포함한 모든 교통수단이 배출하는 탄소량은 15%에 불과합니다. 축산업보다 적습니다. 우리가 아무리 자동차와 비행기를 타지 않아도, 고기와 우유를 먹는다면 소용이 없습니다. 툰베리는 완전 채식주의자, 비건입니다. 매연보다 위험한 것이 공장식 축산의 메탄가스라는 사실을 잘 알기 때문입니다. 기계를 작동하기 위해 에너지를 소비하면 오염 물질이 발생하는 것처럼 동물도 마찬가지입니다.

소는 소화 과정에서 트림과 방귀를 통해 메탄가스를 방출한다.
그런데 메탄은 이산화 탄소의 30배에 달하는 온실 효과를 일으킨다.
사진 Pixabay 제공 @PublicDomainPictures

기계든 생명이든 작동 원리는 같습니다. 나오는 게 있으려면 당연히 들어가는 게 있어야 합니다. 자동차와 비행기가 매연을 방출하는 이유는 연료를 넣어서 태우기 때문이죠. 땅이나 바다 속에서 파낸 석탄, 석유, 가스를 씁니다. 오래전 지구에 살았던 동식물의 사체가 화석화된 것을 지상으로 끌어 올려서 공기 중에 퍼뜨립니다. 기계는 내연 기관에서 화석 연료를 태웁니다.

그렇다면 동물은 소화 기관에서 무엇을 에너지로 바꿀까요? 사료로 먹는 음식입니다. 소, 양, 염소, 돼지, 닭 등의 가축은 화석화된 동식물을 먹고 움직일 수 없습니다. 인간처럼 밥을 먹어야 합니다. 우리가 먹기 위해 기르는 농장 동물은 대부분 초식 동물이기 때문에 원래 풀을 먹습니다. 공장식 축산업은 최대한 동물을 살찌우기 위해 목초 대신 옥수수 등의 곡류를 먹입니다. 그리고 땅을 밟고 움직이지 못하게 합니다. 자그마한 우리에 가둬 둡니다. 운동을 해서 살이 빠지면 손해니까요.

여러분도 하루 종일 방에서 밥만 먹고 갇혀 있다고 상상해 보세요. 소화가 안 되어서 방귀를 많이 뀌겠죠? 소고기 1kg을 얻기 위해서는 대략 옥수수 12kg을 먹여야 합니다. 육식은 엄청나게 비효율적인 에너지 생산 방식입니다. 나머지 11kg은 소의 신진 대사 과정에서 사라지고, 상당 부분 온실 가스로 배출됩니다.

현재 전 세계 농경지의 약 80%는 가축 사료를 재배합니다. 인간이 먹기 위해 기르는 밀, 쌀, 옥수수, 콩은 20%밖에 안 됩니다. 나머지는 인간이 먹기 위해 기르는 가축에게 먹이기 위해 기릅니다. 그래서 육식은 막대한 환경적 영향을 끼칠 수밖에 없습니다. 축사에서 발생하는 메탄가스와 오물 자체도 문제이지만, 가축에게 먹이기 위해 낭비되는 곡물, 그리고 사료를 생산하기 위해 일구는 논밭이 더 큰 문제입니다.

한우나 한돈은 국내에서 생산되기 때문에 비교적 생태 발자국이 적다고 생각할 수도 있습니다. 미국산이나 호주산 소고기를 수입해서 오는 것보다 물론 탄소 배출량이 적을 수는 있습니다. 하지만 국내에서 사육하는 가축도 대부분 수입산 사료를 먹입니다. 국내 사료 업계는 원료의 95%를 수입에 의존합니다. 아르헨티나와 브라질의 아마존 지역에서 상당 부분 가져옵니다. 지구의 허파라고 불렸던 아마존 열대 우림은 2021년 여름 기준으로 탄소를 흡수하는 양보다 배출하는 양이 많아졌습니다. 기후 위기의 속도를 줄이는 게 아니라 가속합니다. 가장 큰 이유는 역시나 산불입니다. 소고기와 콩 생산을 위해 의도적으로 숲을 태워서 농경지로 만들고 있기 때문입니다. 따라서 국산 소고기와 돼지고기를 먹는다고 해도 결국 아마존의 파괴에 기여하는 것입니다.

이처럼 우리가 매일같이 밥상에서 내리는 결정은 전 지구적 환경 파괴의 결과를 초래합니다. 단순히 나의 입맛을 위해 주문하는 음식이 지구 반대편에 산불을 일으키고, 죽음을 야기합니다. 궁극적으로는 인류 문명의 지속 자체를 어렵게 만듭니다. 기후 위기는 생명 위기입니다. 이토록 불안정한 기후 속에서 인류가 살아남을 수 있을지 미지수입니다. 다시 말하지만, 애초에 만 년 전부터 호모 사피엔스가 농사를 짓고 정착 생활을 시작하면서, 문자를 발명하고 문명을 건설할 수 있었던 가장 근본적인 조건은 안정된 기후였습니다. 역사상 처음으로 그 근간이 흔들리고 있습니다.

대멸종이
시작되었다

인류세(인간의 활동이 지구 환경을 바꾸는 지질 시대를 이르는 말)는 제6차 대멸종의 시기이기도 합니다. 지구에는 여태까지 총 다섯 번의 대멸종 사건이 있었습니다. 가장 최근이 6500만 년 전, 백악기-팔레오세의 대량 절멸입니다. 우리가 잘 아는 공룡들이 그때 사라졌습니다. 21세기에 접어들면서 기후 생태가 불안해지고, 멸종의 속도도 빨라지고 있습니다. 현재 하루에 150종이 넘게 사라지고 있습니다. 제5차 대멸종의 정확한 원인은 불분명하지만, 과학자들은 운석 충돌과 화산 분출로 대량의 이산화 탄소가 대기 중에 퍼졌기 때문이라고 추측합니다.

반면 제6차 대멸종의 원인은 분명합니다. 바로 인류입니다. 50여 년 전부터 과학자들은 일관되게 경고했습니다. 이대로 가면 지구 온난화가 발생하고 생물 다양성이 파괴될 것이라고 예견했습니다. 하지만 국제 사회는 이를 무시했습니다. 기업은 이윤을 위해, 국가는 성장을 위해 개발을 계속했습니다. 알면서도 제 발로 대멸종의 길을 간 것입니다. 따라서 제6차 대멸종은 이전 다섯 번과 다르게 의도적으로, 인위적으로 일으킨 사건입니다. 절멸보다는 박멸이라는 말이 적확합니다. 인간이라는 한 종의 탐욕에 의해서 무수한 다른 종들이 자취를 감추고 있습니다.

기후 위기는 생태 위기이자 생명 위기입니다. 기술적으로 탄소 배출량을 0으로 만든다고 해결될 문제가 아닙니다. 생태와 생명을 대하는 인간의 근본적인 태도에 달렸습니다. 우리가 지금처럼 인간 중심적인 방식으로 살아간다면, 작금의 위기는 절대 해결할 수 없습니다. 참된 인간다움은 무엇이며 앞으로 지구의 뭇 생명과 어떻게 관계 맺어야 할지 고민해야 합니다. 지구가 우주의 중심이 아니라는 코페르니쿠스의 깨달음처럼 인간도 지구의 중심이 아니라는 자성이 필요합니다.

기후 위기는 결국 에너지 문제로 환원됩니다. 오늘날의 인류는 전기와 고기를 통해 막대한 양의 에너지를 공급받는 존재입니다. 핵 발전을 제외하고 지구의 모든 에너지는 태양에서 옵니다. 식물은 광합성을 통해 햇빛으로부터 에너지를 받습니다. 동물은 식물을 먹거나, 다른 동물을 먹어서 에너지로 씁니다. 기계는 전기를 먹는데, 대부분 전기는 화석 연료, 즉 동식물의 썩은 시체를 태워서 만들어집니다. 인간이 자신의 몸과 기계를 움직이기 위해 쓰는 모든 에너지는 태양이 근원이지만, 중간 단계가 많은 꼴입니다. 그 과정에서 탄소 배출과 환경 오염이 발생합니다. 따라서 불필요한 중간 단계를 없애는 것이 중요합니다.

전 세계 인구가 한국인처럼 에너지를 많이 쓴다면 지구가 3개나 필요합니다. 선진국에 사는 우리는 막대한 양의 전기와 고기를 먹습니다. 하지만 전력 생산을 위해 태워지는 석탄이나 육류 생산을 위해 베어지는 나무는 생각하지 않습니다. 각자 전기를 아껴 쓰는 것도 중요하지만 전력 생산의 방식 자체를 효율적으로 바꾸는 것이 중요합니다. 그래서 일부는 핵 발전을 주장하기도 합니다. 핵분열이나 핵융합을 하면 태양이 아닌 또 다른 에너지원이 생깁니다. 화석 연료에 비해 탄소 배출은 현저히 줄지만, 새로운 위험을 낳습니다. 체르노빌이나 후쿠시마처럼 대형 사고로 이어질 수 있기 때문입니다. 그래서 가능하면 태양광, 풍력 등의 재생 에너지로 전환하는 것이 최선입니다.

특히 태양광은 말 그대로 에너지의 근원인 햇빛을 직접 전기로 전환하는 것이기 때문에 가장 중간 단계가 적습니다. 풍력이나 수력은 태양이 일으킨 바람이나 물의 흐름을 직접 이용해 전기를 생산하는 방식입니다. 모두 화석 연료를 태우는 것에 비해 훨씬 환경 비용이 적습니다. 동식물이 화석화되고, 그것을 채취해서 태우는 중간 과정이 생략되었기 때문입니다. 어차피 다 태양에서 오는 에너지라면, 직접 햇빛을 받아 전기를 만드는 게 최선이겠죠.

음식도 마찬가지입니다. 과식하지 않고 음식물 쓰레기를 줄이는 것도 좋지만, 식량 생산의 방식 자체를 효율적으로 바꾸는 것이 중요합니다. 채식은 동물 보호나 건강 증진차원에서도 유익하지만, 에너지 효율 차원에서도 탁월합니다. 닭고기 1칼로리를 만드는 데 곡물 9칼로리가 필요합니다. 나머지 8칼로리는 낭비되는 것이죠. 비건 버거 9개를먹을 수 있는 자원으로 치킨 버거 1개를 먹고 있는 것입니다. 지구상에 기아로 허덕이는 인구가 여전히 10억 명에 달하는 상황에서 이는 엄청난 윤리적 문제이기도 합니다. 비인간 동물의 처우를 고려하지 않더라도, 철저히 인간만 생각해도, 채식이 답입니다.

자연 다큐멘터리를 보면 육식 동물과 초식 동물의 차이를 쉽게 알 수 있습니다. 주로 인간의 관점은 카리스마

태양광은 에너지의 근원인 햇빛을 직접 전기로 전환하는 것이기 때문에
가장 중간 단계가 적다.

풍력은 태양이 일으킨 바람을 이용해 전기를 생산하는 방식이다.
화석 연료를 태우는 것에 비해 훨씬 환경 비용이 적다.

있는 육식 동물 위주로 바라보기 때문에 다큐멘터리는 사냥당하는 입장보다 사냥하는 입장을 대변합니다. 그런데 항상 육식 동물은 개체 수가 적은데 초식 동물은 많습니다. 사자 한 명이 살아남기 위해서는 수십, 수백 명의 초식 동물을 먹어야 합니다. 유한한 생태계가 지탱할 수 있는 육식 동물의 수보다 초식 동물의 수가 훨씬 많습니다. 먹이 사슬의 꼭대기에 있는 동물 하나를 지탱하기 위해서는 그 아래 무수한 균과 식물과 동물이 필요합니다. 사자 한 명이 살아남기 위해 필요한 면적에 사슴은 훨씬 많이 살수 있습니다.

지구의 전체 생태계 역시 유한합니다. 인간은 기술 발전을 통해 먹이 사슬의 꼭대기까지 올라갔지만, 잡식 동물이기 때문에 선택이 가능합니다. 초식 동물처럼 살 것이냐, 육식 동물처럼 살 것이냐? 80억 인구가 모두 육식 동물처럼 산다면 그 아래 피라미드는 무너질 수밖에 없습니다. 역사상 인간의 숫자가 이토록 많은 적도 없었고, 이토록 육식을 많이 한 적도 없었습니다. 그래서 지금 생태계의 균형이 무너지고 있습니다. 이 붕괴를 막으려면 인류가 더 현명한 선택을 해야 합니다. 생태 발자국이 적은 채식을 하면서 초식 동물처럼 살아야 80억 인구를 지탱할 수 있을까 말까입니다.

이렇게 이야기하면, 전 인류가 모두 채식주의자가 되는 것은 불가능하다고 반응합니다. 너무나 이상적인 시나리오라고 냉소합니다. 하지만 저는 모두가 민주주의자가 되었듯이 모두가 여성주의자가 될 것이고, 채식주의자가 될 수 있다고 믿습니다. 200년 전까지만 해도 인종 평등의 가치는 황당무계했고, 성 평등도 마찬가지였습니다. 하지만 역사는 점차 권리의 범위가 확장되고 평등의 가치가 실현되는 방향으로 흘러가고 있습니다. 그것이 진보입니다. 인종 평등, 성 평등과 마찬가지로 종 평등도 인류가 추구해야 할 목표입니다. 물론 저도 대한민국 국민이 전부 지금 당장, 하루아침에 육식을 끊고 채식주의자가 되기를 기대하지는 않습니다. 자, 여기서 우리가 짚고 넘어가야 할 점이 있습니다.

비거니즘의 본질은 '살림'

비거니즘을 지향한다는 것은 엄밀히 말하면 육식에 반

대하는 것이 아닙니다. 죽임 반대입니다. 저는 고기를 먹는 것이 싫어서, 고기 맛이 없거나, 고기 자체가 나쁘다고 생각해서 채식을 하는 게 아닙니다. 제가 고기를 먹으려면 반드시 수반되는 동물의 고통과 죽음에 반대하기 때문에 채식을 합니다. 비거니즘, 동물권, 동물 해방 운동의 목표는 정확히는 탈육식이 아닌 탈축산입니다. 오늘날 고기, 생선, 달걀, 우유 등을 생산하는 산업이 그 과정에서 무지막지한 학살을 저지르고, 환경을 파괴하며, 건강도 해치기 때문에 불매하는 겁니다.

저는 지난 4년간, '비건', '비거니즘veganism'이라는 영어 단어를 한국어로 어떻게 번역할까 고민했습니다. 채식주의 또는 완전 채식주의는 어폐가 있습니다. 음식에만 국한된 문제가 아니기 때문입니다. 의류, 화장품, 의약품, 동물원, 수족관 등 우리가 동물을 착취하고 학대하는 방식은 다양합니다. 비거니즘의 본질은 채식도 육식 반대도 아닌 죽임 반대, 즉 '살림'입니다. 동물을 살리고 지구를 살리는 철학이자 운동입니다. 공장식 축산이라는 거대한 학살 기계를 멈추는 것이 가장 시급한 목표입니다.

동물과 고기의 관계를 새롭게 생각할 필요가 있습니

다. 사람들이 고기를 먹는 이유는 고기가 맛있어서이지, 동물을 죽이고 싶어서는 아닙니다. 그런데 반드시 동물을 죽여야만 고기를 먹을 수 있을까요? 그렇지 않습니다. 최근 식물성 대체육이 등장했습니다. 미국의 비욘드 미트, 임파서블 버거, 한국의 고기대신, 언리미트 등은 순 식물성 재료로 고기 맛을 거의 완벽히 구현합니다. 동물을 강제로 임신시키고, 모성을 착취하고, 평생 감금하다가, 결국 도살하는 악순환을 거치지 않고, 조립하듯이 고기를 만듭니다. 맛도 영양도 동물성 고기에 뒤지지 않습니다. 수요가 많아지고 시장의 규모가 커질수록 소비자 가격도 떨어지고 있습니다.

식물성 고기를 만드는 것은 반도체를 개발하는 것과 비슷합니다. 연구할수록 경쟁력이 높아집니다. 가능성이 무궁무진합니다. 배양육은 아예 동물의 줄기세포를 활용하여 실험실에서 키워 내는 고기입니다. 유전적으로 '진짜 고기'와 다를 바 없습니다. 하지만 돼지고기를 농장에서는 최소 6개월을 키운 다음에 도살장에 보내야 얻어 낼 수 있다면, 실험실에서는 6일 만에 자랍니다. 배양육은 당연히 축산업에서 발생하는 분뇨 걱정도 없습니다. 훨씬 윤리적이고 친

천년식향 안백린 셰프의 발효 대체육 요리
사진 김현동 작가

미국의 비욘드 미트, 임파서블 버거, 한국의 고기대신, 언리미트 등은 순 식물성 재료로
고기 맛을 거의 완벽히 구현한다.

환경적인 방식으로 고기를 생산할 수 있습니다. 그래서 일부는 배양육을 '청정육', 클린 미트clean meat라고 부릅니다.

아직 배양육은 상용화 단계까지 가려면 시간이 더 필요합니다. 하지만 늦어도 5년 안에는 보급될 것입니다. 대체육이 기존 고기보다 더 싸고 맛있어지는 순간, 축산업은 불필요한 중간자가 됩니다. 마치 디지털 카메라가 발달하니 필름이 쓸모없어진 것처럼, 휴대폰이 개발되어 공중전화가 무의미해진 것처럼, 대체육이 발달하면 축산업도 과거의 유물이 될 것입니다. "아니, 고기를 먹기 위해서 동물을 죽였다고?"라며 황당하다는 듯이 지금을 회상하는 시대가 곧 옵니다.

그렇다면 전부 기술 발전에 달린 걸까요? 대체육이 발달하면 공장식 축산이 사라질까요? 탄소 포집 기술이 개발되면 기후 위기가 해결될까요? 기술은 활용해야 하지만, 의존해서는 안 됩니다. 결국 기술을 이용하는 것은 인간이고, 인간은 의식에 따라 움직입니다. 하드웨어뿐만 아니라 소프트웨어도 중요합니다. 같은 기술을 가지고도 정반대의 결과를 낳을 수 있습니다.

예를 들어 기술 찬양론자들은 석탄이 고래를 살렸다

고 주장합니다. 19세기까지만 해도 서양에서는 고래 기름을 활용해서 불을 지폈습니다. 그래서 고래잡이가 성행했습니다. 그런데 20세기부터 석탄, 석유 의존도가 높아지고 전기가 보급되면서 고래 기름이 필요 없어졌습니다. 자연히 포경업도 쇠락했습니다. 지금은 일본을 비롯해 고래 고기를 먹는 일부 나라에서 사냥을 하지만, 과거에 비할 바는 아닙니다. 불을 켜기 위해 더 이상 고래를 죽이지 않아도 되는 것처럼 앞으로 고기를 먹기 위해서 굳이 동물을 죽이지 않아도 됩니다. 그렇다면 대체육이 지구를 살릴까요? 재생 에너지 기술이 우리를 구원해 줄까요?

저는 기술 발전보다 중요한 것이 우리 마음이라고 믿습니다. 결국 인간 의식 혁명에 달렸습니다. '나는 누구인가? 우리는 무엇인가?'라는 질문에 대한 답변이 핵심입니다. 인간 중심주의를 벗어나지 못하면 인류세, 기후 생태 위기, 대멸종의 재앙을 막을 수 없습니다. 인권에서 동물권, 나아가 생명권과 자연권을 보장하는 사회를 만들어야 합니다. 에고ego에서 에코eco로 옮겨 가야 합니다.

'나'와 '우리'를 정의할 때 현대 문명은 인간종에 속한 것을 최우선시합니다. 나는 인간이기 때문에 권리가 있다고 믿습니다. 그것을 인권이라 부르고 신성시합니다. 그 말인즉슨 인간이 아닌 존재는 '나'가 아닌 '남', '우리'가 아닌 '그들'이기 때문에 권리가 없다고 규정합니다. 그런데 과연 우리에게 왜 권리가 있는 것일까요? 인권이란 어디서 오는 걸까요? 호모 사피엔스라는 동물종에 속한다는 이유만으로 우리는 왜 남들은 갖지 못하는 특권을 보장받을까요? 그런데 저의 몸을 아무리 뒤져 보아도 인권은 보이지 않습니다. 권리는 제게 내재된 것이 아닙니다. 인간들끼리 서로 있다고 합의한 소설이죠.

인권은 약 200년 전, 미국 혁명과 프랑스 혁명을 거치면서 국가가 보장했고, 20세기에는 국제 연합UN이 선포했습니다. 대한민국 헌법이 명시하기 때문에 우리는 어렸을 때부터 인권이 있다고 배웠습니다. 마치 만 원 지폐의 가치를 국가가 보증해 주듯이 인권도 법과 권력이 보장해 주기 때문에 유효합니다. 돈과 마찬가지로 권리도 결국 인간이 지어 낸 신화에 불과합니다. 소설은 저자가 바뀌면 내용도 바뀌기 마련입니다. 시대에 따라 이야기는 업데이트됩니다. 21세기, 인류세를 살아가는 우리는 이제 인간 중심적인 미신을 버리고 새로운 세계관과 우주관을 탐색해야 할 때입니다.

인간 중심주의,
이제는 극복할 때

　인권은 나를 '인간'으로 정의하는 데서 기인합니다. 과거에는 내가 인간인 것보다 특정 계급, 성별, 인종 등에 속한 것이 더 중요했을 때가 있었습니다. 그때는 인간이라고 다 권리가 있지 않았습니다. 왕이나 귀족만 권리가 있고 나머지는 노예였습니다. 부르주아 백인 남성만 인권이 있고 나머지 여성, 유색 인종, 노동자 등은 재산이나 물건 취급을 당했습니다. '나'를 한국인 남성이라고 정의하기 전에, 인간이라고 보고, 한국인이나 남성이라서가 아니라 인간이기 때문에 권리가 있다고 믿는 것이 인권의 본질입니다.

　그렇다면 인간이라는 것은 무엇을 뜻하기에 권리를 수반할까요? 인권론자들은 인간은 이성적이기 때문에, 즉 말하고 생각하는 능력을 가졌기 때문에 권리가 있다고 주장합니다. 하지만 솔직히 한번 생각해 봅시다. 과연 우리가 말과 생각을 할 줄 알기 때문에 자유와 생명과 행복을 추구할 권리가 있는 것일까요? 누군가 나를 때리거나 가두거나 죽이려 할 때, 심지어 잡아먹겠다고 할 때, "그러지 마세요! 저는 말하고 생각할 줄 아는 존재입니다!"라고 항변할 사람이 누가 있겠습니까? "때리지 마세요! 아파요!"가 자연스러운 반응입니다.

우리는 말하고 생각하는 능력이 있어서가 아니라 고통과 행복을 느끼는 능력, 다시 말해 쾌고 감수 능력이 있기 때문에 권리가 있습니다. 이성이 아닌 감성이 있기 때문에, 느끼는 존재이기 때문에 자유, 생명, 행복을 추구할 권리가 있는 것입니다. 한마디로 인간이기 전에 동물이라서 권리를 갖습니다. 그것이 인권에서 동물권으로 확장하는 패러다임의 변화입니다.

인권이라는 특권을 버리고 비인간 동물의 권리도 옹호할 때, 우리는 비로소 인간 중심주의를 극복할 수 있습니다. 권리의 근거를 이성에서 감성으로 확장해야 가능한 일입니다. 나와 우리를 인간이기 전에 동물이라고 보는 관점입니다. 그렇다면 동물이 아닌 존재는 권리가 없을까요? 과학적으로 식물이나 균 등의 유기물은 척추 신경 체계가 없기 때문에 고통을 느끼지 않습니다. 하지만 그들도 생명을 유지하기 위한 메커니즘을 갖고 있습니다. 햇빛을 향해 자라난다든지, 잘렸을 때 재생한다든지, 잡초 하나도 질긴 생

사진 편지지 작가

인권이라는 특권을 버리고 비인간 동물의 권리도 옹호할 때,
우리는 비로소 인간 중심주의를 극복할 수 있다.

명력을 보입니다. 살아 있는 존재는 다 살고 싶어 합니다. 고통을 느끼지 못하는 생명은 살아갈 권리가 없을까요? 이성도 감성도 없는 존재는 함부로 대해도 되는 걸까요?

인간과 비인간이라는 구분을 뛰어넘으니 동물과 비동물의 구분까지 왔습니다. 사실 모든 차별과 착취와 폭력의 시작은 바로 이러한 구분에 있습니다. 나와 남, 우리와 그들, 주체와 객체를 나누고 한쪽에만 권리를 부여하는 것이 모든 비극의 출발입니다. 근대 문명의 인간 중심적인 세계관이 바로 기후 위기의 원인입니다. 기후 위기를 극복하는 일은 단순히 전기를 덜 쓰고 고기를 덜 먹는 문제가 아닙니다. 재생 에너지로 전기를 만들고 대체육을 먹는 것으로 해결되지 않습니다. 지구에서 살아가는 모든 존재를 인간과 비인간, 나와 남, 권리가 있는 존재와 권리가 없는 존재로 나누는 이분법 자체가 치명적인 오류입니다.

지구의 모든 생명은 하나로 연결된 존재입니다. '전범선'이라는 사람 안에도 무수한 미생물이 함께 살아갑니다. 우리 안에 작은 우주가 있습니다. 지구라는 행성도 하나의 거대한 생명체로 볼 수 있습니다. 우리는 세상을 '나'와 '너', '우리'와 '그들'로 나누는 이분법을 넘어야 합니다. 모두가

한우리, 한살림입니다. 앞으로는 권리의 기준을 이성에서 감성으로, 감성에서 영성으로 확장해야 합니다. 말하고 생각하는 인간뿐만 아니라 고통과 행복을 느끼는 동물, 살아 있는 모든 존재는 생명을 유지할 권리가 있습니다.

지구라는 집에서 인류가 앞으로 생존할 수 있을지 의문입니다. 식구를 챙기지 않고 살림을 등한시하면 한집에서 살아가기 힘듭니다. 살림살이가 난장판이 됩니다. 지금 인류는 지구 살림을 망쳤습니다. 집안이 쓰레기로 가득 차고, 환경이 오염되며, 온도가 뜨거워집니다. 얼른 정신을 차려야 합니다. 나만 잘 살겠다는 생각을 버리고, 지구 살림을 집안 살림처럼 챙겨야 합니다. 지구라는 유일한 집에 함께 살아가는 모든 생명체가 결국 식구라는 사실을 인식해야 합니다. 인권에서 동물권, 생명권과 자연권으로 나아갈 때입니다. 인위적인 선을 긋고 한쪽만 챙기다가는 다 죽습니다.

채식은 지구 살림과 생명 살림의 가장 기본에 불과합니다. 흔히들 채식을 이야기하면 "식물은 고통을 안 느끼냐? 풀은 안 불쌍해?"라고 묻습니다. 육식은 반드시 죽임을 전제하지만 채식은 그렇지 않습니다. 식물을 죽이지 않고도 채식을 할 수 있습니다. 우리가 먹는 과일, 곡식, 버섯은 식물과 균의 열매입니다. 과실은 그들이 퍼뜨리는 사랑의 씨앗입니다. 씨 맺는 채소와 열매 맺는 나무, 버섯 피우는 균은 동물과 오랫동안 공생 관계를 유지해 왔습니다. 동물은 과실을 먹고 씨앗과 포자를 퍼뜨려 주는 역할을 합니다. 마치 벌이 꿀을 먹고 꽃가루를 퍼뜨려 주듯이 말입니다. 채식을 하면 인간은 죽임 없이 살아갈 수 있습니다.

지구를 살리기 위해 우리는 살림의 가치를 드높여야 합니다. 나누고 정복하는 것이 죽임이라면, 하나로 모시는 것이 살림입니다. 인간 중심주의를 넘어서 뭇 생명을 아우르는 전일적인 세계관을 확립해야만 우리는 진심으로 기후 위기에 대처할 수 있습니다.

건강을 위해서 자연식물식

건강과 채식

이의철 (LG에너지솔루션 기술연구원 부속의원 원장)

"You are what you eat"라는 말이 있습니다. "당신이 먹는 것이 당신입니다"라는 거죠. 여러분은 현재 자신의 상태에 만족하시나요? 키, 체중, 여드름, 비염, 아토피, 집중력 저하, 식곤증, 피로감, 변비, 설사, 복통, 우울감 등 각자 자신에 대해 만족스럽거나 불만족스러운 부분이 다양할 것입니다. 하지만 이 모든 것이 내가 먹는 음식에 의해 크든 작든 영향을 받고 있다는 것을 알고 있나요? 내가 원하는 모습대로 나를 만들려면 무엇을 어떻게 먹어야 하는지 하나하나 알아봅시다.

비만 인구 증가, 이대로 괜찮을까?

저는 직업 환경 의학과 전문의입니다. 다양한 공장과

사무실에서 일하는 사람들의 건강 상태를 평가하고, 건강을 해칠 수 있는 유해 인자로부터 일하는 사람들의 건강을 지키는 일을 하고 있지요. 또 대학에서 '생활 습관 의학' 강의를 하고 있기도 합니다. 그러던 중 저로서는 충격적인 경험을 하게 됐어요. 2021년 5월, 대전에 있는 한 고등학교 1학년 학생들의 건강 검진을 하게 됐는데 그날 하루 동안 만난 83명의 학생들 중 5명의 체중이 100kg을 넘었던 거예요. 체중이 99.4kg인 학생은 아슬아슬하게 포함되지 않았죠. 이날 만난 학생들 중 최고 체중은 140kg이었습니다. 중학교를 졸업한 지 3달밖에 지나지 않았는데, 100kg이 넘는 학생들이 이렇게 많다는 사실이 놀라웠어요.

혹시 그해만 비만인 학생들이 많나 싶어서 전년도 건강 진단 결과도 확인해 봤는데, 체중이 100kg 이상인 학생들이 73명 중 8명으로 오히려 더 많았습니다. 30년 전에는 중고등학교에서 100kg을 넘는 친구들을 본 적이 없었던 터라 이런 현실이 정말 충격적이었어요. 그런데 20대 초반의 젊은이들을 만나 이 얘기를 했더니, 그 친구들은 본인의 중고등학교 시절에 이미 100kg이 넘는 친구들이 꽤 있어서 그렇게 놀랍지 않다고 하더군요. 이 말에 다시 한 번 충격을 받았습니다.

「청소년건강행태조사」에 따르면, 2020년 기준으로 중학생의 10%, 고등학생의 13.3%가 비만입니다. 남녀의 비만율은 중학생의 경우 남학생과 여학생 각각 15.1%, 6.4%였고, 고등학생의 경우 남학생과 여학생 각각 16.1%, 10.3%였습니다. 중학생 때는 남학생이 여학생에 비해 비만율이 2배 이상 높았는데, 고등학생이 되면 여학생의 비만율이 급격히 증가하는 것을 확인할 수 있습니다.

하지만 2006년만 해도 중학생과 고등학생의 비만율은 각각 5.2%, 6.2%로 현재의 절반 수준에 불과했습니다. 더 거슬러 올라가 1970년대 청소년 비만율은 1~2% 정도였죠. 50년 사이 엄청난 변화가 있었지만, 정작 당사자들은 주변의 친구들과 함께 변화를 겪다 보니 이렇게 급격한 변화가 있다는 것을 느끼지 못하게 됩니다.

지난 수십 년간 변화한 것은 체중만이 아닙니다. 초경 연령도 급격히 변했죠. 2003년에 태어난 여학생들의 초경 연령은 평균 만 12.6세였습니다. 평균적으로 초등학교 6학년에 초경을 하지만, 최근에는 초등학교 3~4학년 즈음에 초경을 하는 학생들도 심심치 않게 만나게 됩니다. 하지만

1920년대에 태어난 여성들은 평균 만 16.9세에 초경을 했습니다. 고등학교 1학년에서 2학년으로 넘어갈 즈음에 초경을 했던 것입니다.

이렇게 초경 연령이 어려지면서 조기 초경의 기준도 점점 어려지고 있습니다. 과거엔 조기 초경이라고 진단했을 법한 연령대의 초경이 이제는 정상 초경이 됐습니다. 그렇다면 과연 몇 살에 초경을 하는 것이 정상일까요? 적절한 초경 연령에 대한 답을 찾기 위해서는 초경이 의미하는 바가 무엇인지 알아야 합니다. 초경은 여성이 임신을 할 수 있게 됐다는 것을 뜻합니다. 그렇다면 몇 살에 초경을 하는 것이 정상이냐는 질문은, 여성이 몇 살에 임신을 하는 것이 정상이냐는 질문과 같게 됩니다.

만 12세에 임신을 하는 것이 정상일까요, 만 17세에 임신을 하는 것이 정상일까요? 사실 임신 연령을 정상 비정상으로 구분하는 것은 적절치 않아요. 하지만 최소한 어느 정도 연령대에 임신을 하는 것이 산모와 태아에게 적절한지에 대해서는 답을 할 수 있을 것입니다. 대부분의 독자들은 최소한 고등학교 2학년 나이는 되어야 임신을 감당할 수 있으리라 생각할 거예요. 이런 상황을 감안하면 만 17세

즈음에 초경을 하는 것이 적절하다고 답할 수 있겠죠.

초경 연령이 어려지면 일생 중 여성 호르몬에 노출되는 기간이 길어지고, 노출되는 여성 호르몬의 양도 많아져 유방암 발생 위험이 증가합니다. 그리고 자궁 내막증 및 각종 여성 호르몬 관련 건강 문제도 증가할 수 있어요. 자궁 내막증은 월경 전 증후군의 가장 흔한 원인입니다. 과거에 비해 월경 전 증후군을 호소하는 여성들이 증가하는 것은 초경 연령 감소와 관련이 있어요. 이뿐 아니라 조기 초경은 비만, 당뇨병, 고혈압, 심혈관 질환 증가와도 관련이 있습니다.

보통 초경이 시작되기 30개월 전에 여학생들의 유방이 발육되기 시작하고, 6~12개월 전에 1년에 8cm 정도 키가 자라는 급속 성장을 하게 됩니다. 초경 이후엔 성장이 둔화되면서 5~7cm 정도 키가 더 큰 후에 성장이 멈추게 되죠. 즉, 과거엔 중학교에서 고등학교로 넘어가는 시기에 2차 성징이 시작되고 키가 급격하게 자랐지만, 초경 연령이 어려지면서 초등학교에서 중학교로 넘어가는 시기에 사춘기와 급속 성장이 시작되는 양상으로 패턴이 바뀐 거예요.

남학생의 경우 여학생처럼 초경과 같은 확실한 전환점이 없어서 사춘기의 기준점을 찾기 어렵지만, 털이나 수염이 나기 시작하고, 성기에 변화가 오는 등의 2차 성징과 급속 성장이 여학생보다 1~2년 정도 늦게 시작되는 것으로 알려져 있습니다. 실제로 남학생들의 2차 성징과 급속 성장도 여학생들의 초경 연령이 어려지는 것과 비슷한 정도로 점점 어린 시기에 발생하는 것이 확인됩니다. 즉, 남녀 청소년 모두 성장이 빨라지고 있는 거죠.

그러면 이렇게 성장이 빨라지는 것이 좋은 일일까요? 성장이 빨라지면 역설적이게도 성장 기간이 줄어들게 됩니다. 여학생의 경우 초경이 시작되고 성장이 현저히 둔화되는데, 초경 연령이 어려지면서 그만큼 성장이 멈추는 연령도 어려져 총 성장 기간이 줄어들게 되지요. 초경 연령의 변화를 보면 과거에 비해 4년 이상 성장 기간이 짧아진 것입니다. 그래서 일부 초경이 과도하게 일찍 시작된 여학생의 경우 조기에 성장이 멈춰 더 이상 키가 크지 않는 부작용이 발생하기도 합니다. 사춘기가 너무 일찍 찾아온 남학생에게도 비슷한 일이 일어날 수 있어요.

그럼에도 불구하고 한국인의 키는 지난 100년간 남녀 각각 15.1cm, 20.1cm 커질 정도로 전 세계에서 1~3위 수준으로 급격히 증가했습니다. 성장 기간이 짧아졌음에도 키가 현저하게 더 커질 정도로 성장 속도가 엄청나게 빨라진 것이죠. 그런데 성장 속도가 빨라지면 암세포의 성장도 빨라질 수 있습니다.

요즘은 키가 작으면 '루저looser', '패배자', '실패자'라고 할 정도로 큰 키에 몰두합니다. 청소년 본인도, 학부모도 키를 키우기 위해 동물성 단백질과 우유에 집착합니다. 하지만 키가 클수록 암 발생 위험이 증가합니다. 한국인을 대상으로 한 연구에서 키가 5cm 커질 때마다 모든 종류의 암 발생 위험이 남성은 5%, 여성은 7% 증가하는 것이 확인됐습니다. 영국 여성 100만 명을 9년간 추적 관찰한 연구에서도 키가 10cm 증가할 때마다 모든 종류의 암 발생 위험이 16% 증가하는 것이 확인됐습니다. 한국이나 영국뿐만 아니라 전 세계 모든 나라에서도 키가 클수록 암 발생 위험이 증가하는 현상이 일관되게 관찰되고 있어요. 성장을 촉진시키는 요인이 정상 세포만 성장시키는 것이 아니라 암세포의 성장도 촉진하기 때문이죠. 이런 사실을 감안하면, 키가 크더라도 천천히 크는 것이 이상적이라는 것을 알수 있지요?

하지만 현실은 남들보다 조금이라도 더 빨리, 더 많이

청소년도 학부모도 키를 키우기 위해 동물성 단백질과 우유에 집착하지만
키가 클수록 암 발생 위험이 증가한다.
성장을 촉진시키는 요인이 정상 세포만 성장시키는 것이 아니라
암세포의 성장도 촉진하기 때문이다.
사진 Pixabay 제공 @1195798

키가 크길 바라며 성장에 좋다는 동물성 단백질과 우유에 집착하고 있어요. 그런데 이런 음식들이 청소년기의 건강과 성인기의 건강을 해치는 주요 원인이 될 수 있습니다. 단지 키만 고민할 것이 아니라 성장기와 성인기 전체 삶 동안 건강을 유지하는 데 도움이 되는 식단이 무엇인지에 집중할 필요가 있어요. 건강한 음식에 대한 내용은 이후에 자세히 설명하도록 하겠습니다.

과속 성장을 부추기는
우유의 비밀

키가 클수록 암 발생 위험이 증가한다는 사실에 많이 놀랐을 겁니다. 하지만 엄연한 사실입니다. 2018년 세계암연구기금과 미국암연구소가 공동으로 발표한 보고서에 의하면 성인기 키가 클수록 대장암, 유방암, 난소암 발생이 확실하게 증가하고, 췌장암, 자궁 내막암, 전립선암, 신장암, 피부암 발생도 증가할 수 있다고 밝혔습니다. 그러면서 이제는 양적인 성장이 아니라 암 발생 위험이 늘어나는 것을 피할 수 있는 건강하고 안전한 성장을 고민해야 한다고 주장합니다.

이를 위해 과속 성장을 부추기는 '표준 성장'을 새롭게 제정할 것을 권고합니다. 예를 들면, 모유만 먹은 아기는 분유를 먹는 아기보다 키가 작고 체중이 적게 나갑니다. 소의 젖은 사람의 젖보다 단백질과 칼슘이 3배가량 많습니다. 그 결과 소는 사람보다 성장 속도가 3배 빠르죠. 그래서 자연스럽게 소젖으로 만든 분유를 먹을 때 신생아의 성장 속도가 더 빠를 수밖에 없어요. 그런데 현실에서는 모유만 먹는 아기는 소수고, 분유를 먹는 아기가 훨씬 많아요. 그렇다 보니 성장 도표가 분유를 먹는 아기를 기준으로 작성되고, 모유만 먹는 아기들이 오히려 발육 부진이라고 진단받게 되지요.

지난 수십 년간 이런 역설적인 상황이 계속되자 2007년 세계보건기구는 모유만 먹는 아기를 모아서 새롭게 성장 도표를 발표했습니다. 이제 모유 수유만 하는 아기들이 발육 부진으로 진단받는 일을 피할 수 있게 됐죠. 하지만 젖을 떼고 난 후 대부분의 아기들이 성장을 촉진하는 것으로 알려진 동물성 단백질과 유제품을 이유식으로 먹으면서 이유기 이후의 성장 도표는 여전히 과속 성장을 부추기고 있어요.

세계암연구기금과 미국암연구소는 큰 키와 암 발생 위험 증가의 연결 고리로 비만, 붉은 육류 및 가공 육류, 유제품을 지목합니다. 이 요인들이 세포의 사멸을 억제하고, 세포 증식을 촉진하는데, 이런 효과가 정상적인 세포뿐만 아니라 암세포에도 동일하게 작용하기 때문입니다. 특히 우유는 키 성장을 촉진하는 IGF-1이라는 성장 호르몬의 분비를 촉진하는 특성이 있어 더욱 주목할 필요가 있어요. 혈중 IGF-1 농도가 높을 경우 각종 암 발생이 증가하는 것으로 알려져 있기 때문이죠.

이런 이유로 세계암연구기금과 미국암연구소는 모유 수유만 하는 신생아만 모아서 성장 도표를 작성했듯이, 이유기 이후에도 식물성 식품을 위주로 식사를 하는 아이들과 청소년들만 모아 새롭게 성장 도표를 작성하든가, 그것이 어렵다면 기존의 성장 도표에서 정상 하한치를 따라 성장할 것을 권고합니다. 정상 하한치는 성장 도표상 하위 5%에 해당합니다.

그렇다면 식물성 식품 위주의 식사를 할 때 최종적으

로 키가 작아지는 건 아닌가 걱정을 하게 될지도 모릅니다. 식물성 식품 위주의 식사를 하더라도 충분한 칼로리를 제공하는 균형 잡힌 식사를 하면, 천천히 자라는 대신 전체 성장 기간이 길어져 고등학교 입학을 전후해서 얼마든지 따라잡기 성장이 가능합니다. 그래서 성인기의 키는 식물성 식품 위주의 식사를 하더라도 동물성 식품을 먹는 친구들과 큰 차이가 없거나 오히려 더 클 수 있어요.

청소년의 건강 상태를 나쁘게 하는 아토피, 비염, 여드름, 복통 및 설사, 변비, 집중력 저하, 우울감 등 다양한 문제들도 과거에 비해 현저히 증가했어요. 2010년 진행된 소아 천식 및 알레르기 질환 역학 조사에 의하면 최근 1년 이내에 아토피 피부염 증상을 겪은 사람이 초등학생은 20.6%, 중학생은 13.1%였고, 최근 1년 이내에 알레르기 비염 증상을 겪은 사람은 초등학생 43.6%, 중학생 42.6%였습니다. 절반에 가까운 청소년들이 비염으로, 10명 중 1~2명은 아토피 피부염으로 불편을 겪고 있는 거죠. 지난 수십 년 사이 알레르기 질환이 급격히 증가했는데 한국인의 식단이 변화한 데서 그 원인을 찾을 수 있어요.

극심한 복통과 설사, 혈변을 유발하는 궤양성 대장염

식단의 서구화, 즉 염증을 유발하는 동물성 단백질, 지방의 섭취 증가와
유익균의 먹이가 되는 식이 섬유의 섭취 감소로 인해 아토피, 비염, 여드름,
복통 및 설사, 변비, 우울감 등의 증상이 악화된다.
사진 Pixabay 제공 @RitaE

과 크론병 등의 염증성 장 질환은 1980년대는 각각 10만 명당 0.34명, 0.05명 발생할 정도로 드문 병이었지만, 2000년대 들어서는 각각 10만 명당 5.4명, 5.1명 발생할 정도로 각각 16배, 103배 증가했습니다. 특히 크론병은 2000년대 이후 주로 10대에서 급격히 증가하고 있어요.

궤양성 대장염이나 크론병은 소화 기관에 만성적으로 염증이 지속되고, 심한 경우 장이 파열되는 심각한 질병이지만, 마땅한 치료법이 없습니다. 그런데 불과 20년 사이에 발생률이 100배 증가했다면, 지난 20년 사이 있었던 변화 중에 질병의 원인이 있다는 것을 뜻합니다. 식단의 서구화, 즉 염증을 유발하는 동물성 단백질, 지방의 섭취 증가와 유익균의 먹이가 되는 식이 섬유의 섭취 감소가 이런 변화의 주 원인입니다. 식단의 서구화는 변비, 복통, 잦은 설사 등의 소화기계 증상도 악화시킵니다.

여드름은 청소년의 90%가 경험할 정도로 흔한 문제입니다. 하지만 이 여드름도 식단이 서구화되지 않은 나라에서는 관찰되지 않는 대표적인 서구 사회 질병입니다. 성장을 촉진하는 음식들, 특히 유제품을 섭취할 때 여드름도 악화되는 경향이 있어요. 참고로 저는 11년 전 모든 종류의 동물성 식품을 먹지 않기 시작하면서 입과 코 주변, 이마에 가끔 나던 여드름이 완전히 사라졌어요. 하지만 아무리 동물성 식품을 먹지 않더라도 튀기거나 볶은 음식을 많이 먹으면 피지가 생기고, 조금씩 뾰루지가 올라오는 것을 경험합니다. 평소에 먹는 음식에 따라 여드름이 사라질 수도, 증가할 수도 있는 거죠.

여러분도 식곤증을 경험해 보셨을 겁니다. 이때 집중력이 떨어지고, 짜증도 나고, 충동적인 행동을 하기 쉬워요. 식곤증도 어떤 음식을 먹느냐에 따라 그 정도가 달라질 수 있죠. 우유는 불면증에 도움이 되는 음식으로 유명합니다. 우유에 설탕을 넣어서 따뜻하게 데워 마시면 수면이 더욱 촉진됩니다. 그런데 이런 우유를 오전에 간식으로 먹으면 어떻게 될까요? 졸음이 오거나 집중력이 떨어지고, 충동적인 행동을 하기 쉬워지지 않을까요? 우유 이외에도 설탕, 밀가루 음식, 백미, 고단백, 고지방, 과식 등이 식곤증을 유발할 수 있어요. 물론 평소 수면이 부족할 경우 식곤증 및 관련 증상이 더 심해질 수 있고요.

탄수화물이
비만의 원인일까?

앞에서 지난 수십 년 사이 급격히 증가한 청소년이 겪는 다양한 건강 문제들에 대해 살펴봤습니다. 이제 이런 변화의 원인인 식습관의 변화에 대해 구체적으로 살펴보도록 하죠. 유엔식량농업기구는 1961년 이후 전 세계 국가들의 식품 섭취량에 대한 통계 자료를 제공하고 있어요. 그 자료를 분석해 보면 지난 60년 사이 섭취가 증가한 음식은 각종 동물성 식품과 식용유, 설탕이고, 섭취가 감소한 음식은 쌀, 보리, 밀, 감자, 고구마, 옥수수 등 녹말 음식입니다.

요즘 탄수화물이 비만의 원인으로 지목되고 있지만, 비만이 증가하는 동안 대표적인 탄수화물 음식인 녹말 음식 섭취는 오히려 크게 감소했어요. 이 기간 동안 섭취가 증가한 음식은 동물성 식품, 식용유, 설탕이라는 사실을 감안하면, 청소년들이 급격히 비만해지고, 초경 연령이 어려지고, 과속 성장을 하게 된 원인은 이 3가지 음식 때문이라는 것을 알 수 있어요. 특히 건강에 좋다고 알려진 채소와 과일 섭취량이 3~7배 증가했음에도 건강 상태가 악화된 점을 감안하면, 건강에 좋은 채소와 과일을 먹는 것보다 건강을 해치는 동물성 단백질과 식용유, 설탕을 먹지 않는 것이 건강 관리를 위해 더욱 중요하다는 것을 알 수 있습니다.

주변을 살펴보면 체중 관리를 위해 무작정 먹는 양을 줄이는 경우가 많아요. 청소년들도 체중을 줄이기 위해 하루에 한 끼만 먹거나, 샐러드나 과일만 먹는 저칼로리 다이어트를 하는 경우가 많을 텐데, 이런 식의 다이어트는 부작용이 매우 큽니다. 단기적으로는 체중이 빠지지만, 무한정 굶을 수는 없기 때문에 먹는 음식이 늘기 시작하면 다시 체중이 증가하죠. 게다가 폭식을 하게 돼 건강 상태가 더욱 악화될 수 있어요. 하지만 지난 50년간 한국인의 식단 변화를 살펴보면 굶지 않으면서 체중을 감량할 수 있는 비밀을 발견할 수 있습니다.

1973년 한국인은 하루에 3,061칼로리를 섭취했고, 칼로리의 78.6%를 쌀, 보리, 밀 등 녹말 음식을 통해 섭취했어요. 그리고 동물성 식품을 통해서 4.1%, 설탕을 통해서 2.9%, 식용유를 통해 1.0%를 섭취했죠. 2003년에는 하루에 3,059칼로리를 섭취하여 1973년과 거의 같았지만, 녹말 음식을 통해 섭취하는 칼로리는 45.1%로 감소했고, 동물성 식품, 설탕, 식용유를 통해 섭취하는 칼로리는 각각 15.4%, 11.2%, 10.9%로 급격히 증가했어요. 동일한 칼로리를 섭취하는 데도 비만이 증가했던 점을 감안하면 칼로리보다 더 중요한 요인이 지방 축적을 촉진한다는 것을 짐작할 수 있습니다. 그것은 바로 칼로리를 구성하는 음식의 종류입니다.

그런데 2003년 이후로 섭취하는 칼로리도 늘기 시작해 2019년엔 3,450칼로리에 이르게 됐고, 녹말 음식을 통해 섭취하는 칼로리는 34.5%로 더욱 감소하고, 동물성 식품, 설탕, 식용유를 통해 섭취하는 칼로리는 각각 19.0%, 13.4%, 15.9%로 더욱 증가했어요. 그 사이 성인은 비만, 당뇨병, 고혈압, 고지혈증, 심뇌혈관 질환, 암, 자가 면역 질환 등 각종 만성 질환이 급격히 증가했죠. 아울러 청소년들의 건강 상태도 더더욱 악화됐고요.

지난 수십 년간 한국인의 식단 변화는 비만을 비롯해 다양한 만성 질환의 원인이 녹말 음식 섭취 감소와 동물성 식품, 식용유, 설탕 등 불건강 음식 3총사 섭취의 증가라는 것을 보여 줍니다. 섭취하는 칼로리가 같더라도 동물성 식품, 식용유, 설탕이 차지하는 비율이 증가함에 따라 건강

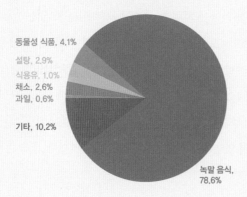

음식별 칼로리 섭취 비율 (1973년)

동물성 식품, 4.1%
설탕, 2.9%
식용유, 1.0%
채소, 2.6%
과일, 0.6%

기타, 10.2%

녹말 음식,
78.6%

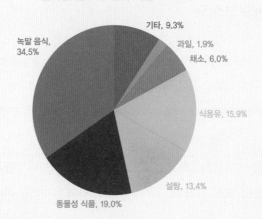

음식별 칼로리 섭취 비율 (2019년)

기타, 9.3%
과일, 1.9%
채소, 6.0%
식용유, 15.9%
녹말 음식,
34.5%
설탕, 13.4%
동물성 식품, 19.0%

음식별 칼로리 섭취 비율 변화

상태가 악화됩니다. 이런 사실을 감안하면 다이어트를 위해 억지로 굶거나 칼로리를 제한할 것이 아니라, 먹는 음식의 종류를 바꿔야 합니다. 동물성 식품과 식용유, 설탕을 최대한 배제하고, 통곡물 등 건강한 녹말 음식을 배불리 먹으면서 채소, 해조류, 과일, 버섯, 콩류, 견과류 등 다양한 식물성 식품을 곁들여 먹기만 하면 저절로 몸에서 지방이 빠져나가고 건강 상태가 개선됩니다.

영양소 밀도와
칼로리 밀도

그렇다면 왜 동물성 식품과 식용유, 설탕은 비만을 유발하고 각종 건강 문제를 일으킬까요? '영양소 밀도'와 '칼로리 밀도'의 개념을 이해하면 그 이유를 쉽게 찾을 수 있어요. 영양소 밀도Nutrient Density는 음식 100칼로리당 권장하는 영양소들의 양을 뜻합니다. 음식에는 다양한 영양소들이 있죠. 대표적으로 탄수화물, 단백질, 지방, 식이 섬유, 비타민, 미네랄, 파이토케미컬 등이 있는데, 이 중 현대인들이 과잉으로 섭취해 건강을 해치는 성분들도 있고, 부족하게 섭취해 건강을 해치는 성분들도 있어요. 영양소 밀도는 이 영양소들 중 건강에 도움이 되는 단백질, 식이 섬유, 복합 탄수화물, 비타민, 미네랄, 파이토케미컬 등의 영양소만 모아서 계산됩니다. 반면 현대인들이 과잉으로 섭취해서 건강을 악화시키는 포화 지방, 당류 혹은 첨가당, 나트륨 등의 영양소는 계산에서 제외됩니다.

영양소 밀도가 높은 음식은 칼로리가 적으면서 권장 영양소는 풍부한 음식들인데, 대부분 식물성 식품입니다. 영양소 밀도가 압도적으로 높은 음식은 녹색잎 채소 및 녹색 채소입니다. 그다음으로 영양소 밀도가 높은 음식은 녹색이 아닌 비녹말질 채소, 콩류, 과일 등이고, 감자, 고구마, 옥수수와 같은 녹말질 채소와 통곡물이 그 뒤를 따릅니다. 생견과류는 영양소가 풍부하지만, 지방이 많아 칼로리당 영양소 밀도가 식물성 식품들 중에서는 가장 낮습니다. 그럼에도 견과류는 모든 동물성 식품보다 영양소 밀도가 높아요.

동물성 식품은 포화 지방과 나트륨이 많고, 식이 섬유와 파이토케미컬은 없기 때문에 모든 식물성 식품들보다

영양소 밀도가 압도적으로 높은 음식은 녹색잎 채소 및 녹색 채소이다.
그다음으로 녹색이 아닌 비녹말질 채소, 콩류, 과일 등이다.
사진 Pixabay 제공 @SvenHilker

영양소 밀도가 낮습니다. 동물성 식품의 영양소 밀도는 어류, 무지방 우유, 야생 동물 고기, 달걀, 붉은 육류, 전지 우유, 치즈 순으로 낮아집니다.

영양소 밀도가 가장 낮은 음식은 식용유와 설탕입니다. 식용유나 설탕은 칼로리만 있을 뿐 다른 어떤 영양소도 없기 때문에 사실상 영양소 밀도는 0이나 마찬가지예요. 그 때문에 식용유나 설탕이 첨가된 음식은 영양소 밀도가 급격히 감소하게 되죠. 보통 영양소는 부족하고 칼로리만 높은 음식을 정크 푸드junk food라고 하는데, 감자튀김을 비롯한 각종 튀김류와 설탕물에 색소나 향, 비타민, 탄산 등을 첨가한 각종 음료들이 대표적인 예입니다. 아무리 영양소 밀도가 높은 녹색잎 채소라도 올리브유를 뿌리면 영양소 밀도가 급격히 낮아져 정크 푸드에 점점 가까워지게 됩니다.

식용유나 설탕보다는 조금 높지만, 통곡물의 껍질을 벗겨 낸 백미와 같은 정제 곡물도 영양소 밀도가 매우 낮아요. 통곡물의 영양소가 주로 속껍질에 몰려 있기 때문에 껍질이 제거된 곡물은 영양소 밀도가 급격히 낮아지죠. 백미보다 현미가 건강에 좋은 이유입니다.

'칼로리 밀도Calorie Density'는 음식 100g당 칼로리를 뜻합니다. 영양소 밀도의 반대 개념이라고 볼 수 있죠. 채소, 과일, 덩이줄기와 같은 녹말 채소, 통곡물, 두부 및 콩류, 파스타는 칼로리 밀도가 낮아 배불리 먹어도 칼로리를 적당히 섭취할 수 있어요. 하지만 각종 동물성 식품과 식용유, 설탕이 첨가된 음식들은 칼로리 밀도가 높아, 배불리 먹을 경우 엄청난 양의 칼로리를 섭취하게 돼요. 그래서 체중이 늘고, 여드름, 비염, 각종 알레르기 및 자가 면역 질환 등 다양한 건강 문제들이 발생하게 되죠.

이제 어떤 음식이 건강한 음식인지 이해할 수 있을 거예요. 영양소 밀도가 높으면서, 칼로리 밀도가 낮은 음식이 건강한 음식입니다. 구체적으로 통곡물, 채소, 해조류, 버섯, 과일, 콩류, 소량의 견과류 등이 건강한 음식이에요. 반면 비만을 유발하고 건강을 해치는 음식은 각종 동물성 식품과 식용유, 설탕입니다. 지난 수십 년간 한국인이 점점 뚱뚱해지고 과거에는 없던 각종 건강 문제를 겪게 된 이유를 이제는 이해할 수 있겠죠? 건강을 해치는 음식들을 과거보다 수십 배 더 많이 먹기 때문입니다.

최고의 건강 식단,
자연식물식

여러분은 어떤 건강 상태를 원하시나요? 비만 및 과체중도 상관없나요, 아니면 군살 없는 날씬한 체형을 갖고 싶나요? 중학생 때 갑자기 확 큰 다음 더 이상 안 크고 싶나요, 아니면 고등학생이 되어서도 꾸준히 크고 싶나요? 여드름과 흉터로 얼룩진 피부가 괜찮나요, 아니면 잡티 없이 환하고 빛나는 피부를 유지하고 싶나요? 비염, 아토피, 각종 알레르기 질환 및 염증성 질환으로 불편을 겪는 삶도 무방한가요, 아니면 이런 문제로부터 자유로운 삶을 살고 싶나요? 식곤증과 피로감으로 집중력이 떨어지는 삶과 지치지 않는 지구력과 집중력이 유지되는 삶 중 어떤 걸 선택하고 싶나요?

어떤 음식을 먹느냐에 따라 우리의 몸과 마음은 얼마든지 달라질 수 있습니다. 좋아질 수도 있고 나빠질 수도 있어요. 좋아졌다 나빠질 수도 있고, 나빠졌다가 다시 좋아질 수도 있죠. 좋은 상태를 원한다면 건강한 음식을 위주로 먹으면 됩니다. 최고로 좋은 상태를 원한다면 건강한 음식들만 먹고, 건강을 해치는 음식을 아예 먹지 않으면 되죠. 건강에 좋은 음식은 통곡물, 채소, 해조류, 버섯, 과일, 콩류, 소량의 견과류입니다. 이런 음식들로만 식단을 구성한다면 누구나 최고의 건강 상태를 유지할 수 있어요. 이렇게 건강에 좋은 음식으로만 구성된 식단을 자연식물식 식단이라고 합니다.

자연식물식은 대부분 처음 들어보는 단어라 낯설 거예요. 자연식물식은 자연 상태에 가까운, 최소한으로 가공된 식물성 식품으로만 구성된 식단을 뜻해요. 고기, 생선, 달걀, 우유 등 모든 동물성 식품과 식용유, 설탕과 같은 가공된 식물성 식품을 최대한 배제하고, 통곡물, 채소, 해조류, 버섯, 과일, 콩류, 소량의 견과류 등 건강에 좋은 자연 상태의 식물성 식품만 먹는 식사 유형이죠. 영어로는 whole food, plant-based diet라고 하고, 줄여서 WFPB diet라고도 불러요.

자연식물식을 이해하기 위해서는 자연식물식 관점의 식품 구분법을 알 필요가 있어요. 자연식물식에서는 식품을 자연 상태 식물성 식품, 경미한 가공식품, 고도 가공식품으로 구분합니다. 현미, 통곡물, 녹말 채소, 채소, 해조류, 과일, 버섯류, 콩류, 견과류, 씨앗류 등 자연에서 바로 얻을 수 있는 식물성 식품들이 자연 상태 식물성 식품이에요. 이 식품들은 생으로 먹거나 삶거나 찌거나 구워서 먹을 수 있죠.

경미한 가공식품은 1단계와 2단계로 나눌 수 있는데, 자연 상태 식물성 식품을 가루를 내거나, 껍질을 벗기거나, 건조시킨 식품들은 1단계 가공식품, 1단계 가공보다 한 단계 더 가공된 식품들은 2단계 가공식품입니다. 고도 가공식품도 그냥 고도 가공식품과 초고도 가공식품으로 나눌 수 있어요. 식용유, 설탕, 분리 단백 등 식물성 식품에서 특정 성분만 추출한 식품과 이 식품이 상당 수준 첨가된 식품들이 고도 가공식품이고, 고도 가공식품 혹은 다양한 식품을 고열의 기름에 튀기거나 볶은 음식은 초고도 가공식품이 됩니다.

식품의 가공 정도에 따른 구분을 현미를 예로 들어 살펴보면, 현미를 물에 불려서 먹거나 삶아서 먹는 것은 자연 상태 식물성 식품을 먹는 거예요. 하지만 껍질을 벗긴 백미로 만든 음식이나, 현미를 으깨거나 가루로 만들어서 만든 음식들은 1단계 가공식품이 되죠. 2단계 가공식품은 1

구분		설명
자연 상태 식물성 식품		현미, 통곡물, 녹말 채소, 채소, 해조류, 과일, 버섯류, 콩류, 견과류, 씨앗류 등 논, 밭, 산, 숲, 나무, 강, 호수, 바다 등의 자연에서 바로 얻을 수 있는 식물성 식품
경미한 가공식품	1단계 가공식품	자연 상태 식물성 식품을 가루를 내거나, 껍질을 벗기거나, 건조시킨 식품
	2단계 가공식품	1단계 가공보다 한 단계 더 가공이 진행된 식물성 식품(예: 껍질 벗긴 곡식을 가루를 내서 만든 음식)
고도 가공식품	고도 가공식품	식용유, 설탕, 콩 단백, 밀 단백 등 식물성 식품에서 특정 성분만 추출한 식품과 이 식품이 상당 수준 첨가된 식품
	초고도 가공식품	고열의 기름에 튀기거나 볶거나 구운 식품 (다량의 식용유 및 설탕 첨가)

단계에서 좀 더 가공된 식품으로, 백미를 으깨거나 가루로 만들어서 만든 음식들이 해당됩니다. 백미나 현미 가루에 설탕이나 기름이 추가되면 고도 가공식품이 되는데, 인절미, 꿀떡, 백설기, 절편 등 대부분의 떡들과 현미 가루에 식물성 기름과 당분이 첨가된 대부분의 현미 빵, 그리고 녹말이 분해되어 농축된 조청이 해당됩니다. 현미나 백미 가루에 기름과 설탕이 대량으로 첨가되거나, 튀기거나 볶은 음식들은 초고도 가공식품이 되지요.

사과를 예로 들어 볼까요? 껍질째 씹어 먹는 사과는 자연 상태 식물성 식품이고, 껍질을 깎아 먹거나, 껍질째 스무디로 갈아 먹는 사과는 1단계 가공식품입니다. 껍질을 제거해 스무디로 갈아 먹는 사과는 2단계 가공식품이죠. 식이 섬유가 제거된 사과즙(사과 주스)이나 사과즙을 조려서 만든 사과 시럽은 고도 가공식품이고, 사과를 기름에 튀기거나 설탕, 기름을 첨가해 조리한 음식들은 초고도 가공식품이에요.

사과를 껍질째 씹어 먹는 것과 사과를 껍질째 갈아서 먹는 것은 화학 성분에 있어서는 차이가 없어요. 그런데 사과를 먹으면 대장암이 예방되지만, 사과 주스를 마시

껍질째 씹어 먹는 사과는 자연 상태 식물성 식품이고, 껍질을 깎아 먹거나,
껍질째 스무디로 갈아 먹는 사과는 1단계 가공식품이다.
껍질을 제거해 스무디로 갈아 먹는 사과는 2단계 가공식품이다.
사진 Pixabay 제공 @cbaquiran

면 오히려 대장암 발생이 촉진될 정도로 건강에 끼치는 영향은 꽤 차이가 나지요. 그 이유는 사과를 씹어 먹으면 보통 5~10분 정도 천천히 먹게 되어 혈당이 천천히 올라갔다가 천천히 떨어지지만, 스무디 형태로 먹으면 1분 이내에 마시게 돼, 혈당이 급격히 상승하고, 인슐린도 요동치면서 부작용이 따르게 되는 것입니다. 그 때문에 사과는 껍질째 씹어 먹는 것이 가장 좋고, 스무디로 마실 땐 5~10분에 걸쳐 사과를 씹어 먹듯이, 한 모금씩 충분히 씹은 후 삼키는 것이 좋아요.

자연식물식과
비건 식단은 같을까?

이런 궁금증이 생길 수도 있어요. 고기뿐만 아니라 우유와 달걀, 어류 등 모든 동물성 식품을 먹지 않는다면, 자연식물식 식단은 비건 식단 아닌가? 둘의 차이가 뭐지? 네, 둘은 공통점이 많아요. 하지만 차이점도 분명히 있죠.

비건 식단은 모든 동물성 제품을 제외하는 것에 의해

사진 Pixabay 제공 @LorettaLynn

사진 Pixabay 제공 @romanov

자연식물식은 자연 상태에 가까운, 최소한으로 가공된 식물성 식품으로만 구성된 식단을 뜻한다. 고기, 생선, 달걀, 우유 등 모든 동물성 식품과 식용유, 설탕과 같은 가공된 식물성 식품을 최대한 배제하고, 통곡물, 채소, 해조류, 버섯, 과일, 콩류, 소량의 견과류 등 건강에 좋은 자연 상태의 식물성 식품만 먹는 식사 유형이다.

서만 정의됩니다. 비건주의는 동물에 해를 입히지 않겠다는 삶의 태도와 가치관을 뜻해요. 식단뿐만 아니라 의류, 화장품, 위생용품, 관광 등 삶 전반에서 동물에 해를 입히지 않기 위해 노력하죠. 그 때문에 비건 식단은 육류, 어패류, 달걀, 우유 및 유제품 등을 식단에서 완전히 배제하는 것이 가장 중요해요. 반면 자연식물식은 건강을 최우선으로 한 식단이기 때문에, 동물성 식품뿐만 아니라 식물성 기름과 당분을 배제하는 것 또한 1순위 기준이에요.

건강에 미치는 영향 측면에서 100% 순 식물성 식단과 97% 순 식물성 식단의 차이를 구분하는 것은 거의 불가능에 가까워요. 그 때문에 자연식물식에서는 멸치 육수나 젓갈이 들어간 김치, 소량의 동물성 식품이 고명으로 첨가된 음식들을 엄격하게 금지하기보다는 개인의 판단에 맡깁니다. 그런 면에서 비건 식단보다는 좀 더 유연하다고 볼 수 있지만, 가공식품을 제한한다는 측면에서는 좀 더 엄격하다고 볼 수 있어요.

많은 사람들이 동물권, 환경, 건강 등의 이유로 비건주의에 관심을 갖게 되면서 다양한 비건 가공식품들이 출시되고 있어요. 하지만 비건 가공식품들은 기존의 동물성 정크 푸드의 비건 버전인 경우가 많아요. 비건주의를 옹호하는 사람들은 비건 정크 푸드를 환영하지만, 자연식물식을 옹호하는 사람들은 비건 가공식품이 반갑기는 하지만, 이런 음식을 식단에 적극적으로 받아들이지는 않아요. 아무리 순 식물성인 비건이라도 자주 먹게 될 경우 체중 증가 및 다양한 건강 문제가 발생할 수 있고, 결국 건강 문제로 비건주의를 실천할 수 없는 상황에 이를 수 있기 때문이죠. 자연식물식은 비건과 상충하는 개념이 아니라, 건강하고 지속가능한 비거니즘의 실천이라고 볼 수 있어요.

자연식물식을 실천할 수 있는 가장 좋은 방법은 직접 요리해서 먹는 것입니다. 대부분의 청소년들은 요리가 익숙하지 않겠지만, 몇 번 하다 보면 요리의 재미에 푹 빠질 수 있어요. 청소년의 창의성이 발휘된다면 정말 맛있으면서 기발한 자연식물식 요리가 탄생할 수 있을 거예요. 집에서 자연식물식을 실천하려면 먼저 재료를 자연 상태의 식물성 식품과 경미한 가공식품으로 한정하고, 2단계보다는 1단계 가공식품을 우선적으로 사용하는 것이 좋아요. 이 재료들을 이용해서 기름에 튀기거나 볶는 것은 최대한 피하고, 섞거나 끓이거나 찌거나 굽는 등의 방법으로 조리하지요.

식단은 크게 현미밥과 같은 녹말 식품류, 찌개, 국, 채소 무침, 나물, 샐러드 등을 조합해 구성합니다. 자연식물식 하면 뭔가 생소하고, 기존에 먹던 음식과 완전히 다를 거라고 생각하기 쉽지만, 기존에 먹던 음식에서 동물성 식품을 빼고, 식용유, 설탕을 최대한 줄이면 얼마든지 자연식물식 메뉴가 됩니다. 미역을 소량의 물을 첨가하면서 볶다가(물 볶기), 채수나 물을 넣고 끓여서 적당히 간을 한 후 들깨 가루를 넣으면 훌륭한 자연식물식 미역국이 되지요.

고기나 기름 없이 짜장 재료들을 물로 볶다가, 채식 짜장 가루나 춘장을 넣고 끓인 다음 녹말을 조금 풀어 주면 자연식물식 짜장이 돼요. 이 짜장 소스에 현미 떡을 넣어서 끓이면 현미 짜장 떡볶이가 되죠. 우리가 자주 먹는 음식에서 동물성 재료를 빼고 두부나 버섯 등의 식물성 식품을 첨가하면 얼마든지 다양한 음식을 즐길 수 있어요.

학교에서 급식을 할 경우 고기, 생선, 달걀, 우유 등의 동물성 반찬은 아예 식판에 담지 말고, 튀기거나 볶은 식물성 반찬은 소량 담아서 먹으면, 자연식물식에 가깝게 식사할 수 있어요. 그리고 백미밥 대신 100% 현미밥을 먹으면 더욱 자연식물식에 가깝게 식사할 수 있죠. 그런데 이렇게 반찬을 빼면 남는 반찬이 매우 부실해질 수 있어요. 그래서 매끼 샐러드나 나물을 더욱 많이 담아서 먹도록 합니다. 식판의 절반은 무조건 채소로 채워서 먹는다고 생각하면 됩니다.

한 가지 주의할 점이 있어요. 식판에 동물성 반찬을 담지 않고, 밥을 예전에 먹던 만큼만 먹으면 한 끼에 먹는 칼로리가 급격히 줄어들게 돼요. 하루 이틀 정도는 몸도 가볍고 기분도 좋지만, 계속 과도하게 칼로리를 적게 섭취하면 기운이 없고, 어지럽고, 금방 허기지게 됩니다. 그러면 주위에서 "고기 안 먹어서 기운이 없는 거야"라는 말을 하게 되고, 그런가 싶어서 예전처럼 고기반찬을 먹으면 기운이 나는 걸 느끼게 되죠. 그러면 '나는 역시 고기 체질인가 봐'라고 생각하며 예전에 먹던 대로 돌아가게 됩니다.

하지만 이렇게 기운이 없었던 건 자연식물식이 체질에 맞지 않아서가 아니라, 칼로리를 너무 적게 섭취했기 때문이에요. 동물성 반찬의 칼로리만큼 밥을 더 많이 담아서 먹는 것이 중요합니다. 그래야 지치지 않고, 좋은 컨디션을 유지할 수 있어요. 자연식물식을 시작할 때 이 점을 꼭 기억해야 합니다. "동물성 반찬을 먹지 않는 대신, 현미밥이나 감자, 고구마 같은 녹말 음식을 더 많이 먹어야 한다!"

고기를 안 먹어도
정말 괜찮을까?

영양소 밀도가 높은 음식만으로 식단을 구성할 때 단
백질 섭취 부족에 대해 걱정하는 경우가 많습니다. 하지만
이는 대표적인 영양학적 오해입니다. 전 세계에서 가장 많
은 영양 전문가들이 소속되어 있는 미국영양식이학회는,
"적절하게 계획된 채식, 비건 식단은 영양학적으로 적절하
고, 만성 질환을 예방하고 치료하는 건강상 이득을 제공할
수 있으며, 임신, 수유, 영아, 유아, 청소년, 노년, 운동선수
등 생애의 전 단계에 적절하다"는 입장을 발표했습니다.

아울러 "채식, 비건 식단은 칼로리 섭취가 적절할 때
권장하는 단백질 섭취량을 충족시키거나 초과하고, 하루
중 먹게 되는 다양한 식물성 식품들에서 얻는 단백질은,
칼로리 필요량을 충족시킬 경우 충분한 필수아미노산을
공급한다"라고도 언급하고 있습니다. 즉, 동물성 식품을 섭
취하지 않더라도, 필요한 칼로리만큼 자연 상태의 식물성

식품을 충분히 먹으면 단백질은 물론 필수 아미노산도 충분히 섭취할 수 있다는 거죠.

단백질 최소 필요량은 체중 1kg당 0.3g이고, 이를 보충하기 위해 보통 2배인 1kg당 0.66g이 '평균 필요량'으로 권장됩니다. 여기에 좀 더 확실하게 단백질 부족을 피하기 위해 20%가량 수치를 덧붙인 1kg당 0.8g이 '권장 섭취량' 혹은 '안전 섭취량'으로 권장됩니다. 단백질은 과량을 섭취할 경우 부작용이 발생할 수 있기 때문에 평균 필요량 수준으로 섭취하는 것이 좋고, 권장 섭취량 이상은 섭취하지 않는 것이 좋아요. 한편 체중을 대입해 단백질 필요량을 계산할 때, 비만인 경우 본인의 키에 맞는 정상 체중 값을 대입하는 것이 좋습니다.

이제 "칼로리 섭취가 적절할 때 권장하는 단백질 섭취량을 충족시키거나 초과한다"는 주장의 의미를 살펴보겠습니다. 한국영양학회는 20대 남성에게 2,600칼로리 섭취를 권장합니다. 만약 현미로 2,600칼로리를 섭취할 경우 45g의 단백질을 섭취하게 됩니다. 이는 세계보건기구가 제시한 단백질 평균 필요량 45g과 동일한 양입니다. 또한 9가지 필수 아미노산도 모두 세계보건기구의 평균 필요량을 초과합니다.

많은 분들이 감자엔 탄수화물만 있다고 생각하지만, 감자로 2,600칼로리를 섭취할 경우 무려 72g의 단백질을 섭취하게 되고, 필수 아미노산 또한 전혀 부족하지 않습니다. 콩나물이나 시금치, 브로콜리로 2,600칼로리를 섭취할 경우 각각 335g, 372g, 250g의 단백질을 섭취할 수 있어요. 즉, 다양한 식물성 식품을 하루에 필요한 칼로리만큼 충분히 섭취하면 단백질은 절대 부족할 수 없고, 필수 아미노산도 결코 결핍되지 않는 거죠.

밀이나 옥수수의 경우 단백질은 풍부하지만, 라이신이라는 필수 아미노산이 0.1~0.2g 정도 부족해요. 하지만 우리가 평생 밀이나 옥수수만 먹고 사는 것이 아니기 때문에, 밀이나 옥수수를 다양한 음식과 함께 섭취하면 라이신은 충분히 보충이 됩니다.

많은 사람들은 동물성 단백질이 질이 좋고, 식물성 단백질은 질이 낮다고 생각합니다. 하지만 '단백질의 질'이 높다는 것이 무엇을 뜻하는지 아는 분들은 거의 없습니다.

단백질의 질은 같은 양의 다양한 단백질을 먹은 어린 동물의 체중이 10일간 증가한 양으로 평가합니다. 체중이 많이 증가하면 질이 높은 것이고, 적게 증가하면 질이 낮은 것입니다. 이런 개념은 영양 결핍으로 발육 부진이 만연한 상황에서는 유용할 수 있죠. 하지만 한국과 같이 영양 과잉으로 인한 비만과 당뇨병, 고지혈증, 고혈압 등이 만연한 상황에선 이 개념은 더 이상 긍정적인 의미를 갖기 어려워요. 오히려 질이 낮은, 체중을 적게 증가시키는 식물성 단백질이 더 건강한 단백질이죠.

실제로 네덜란드와 캐나다의 식이 가이드는, 단백질은 될 수 있으면 식물성으로 섭취할 것을 권하고 있어요. 하지만 한국에서는 여전히 체중을 증가시키는 동물성 단백질이 성장을 촉진하는 선망의 단백질로 인식되고 있습니다. 청소년 비만과 각종 건강 문제를 예방하기 위해 이제라도 동물성 단백질보다 식물성 단백질을 우선적으로 섭취하는 국가 차원의 식이 가이드가 필요합니다. 식이 가이드가 바뀌기 전이라도 이 책을 읽고 있는 독자들은 건강한 식물성 단백질을 중심으로 식단을 꾸리기를 당부드립니다.

통곡물, 채소, 해조류, 과일, 콩류, 버섯, 소량의 견과류 등 다양한 식물성 식품들을 자신에게 필요한 칼로리만큼, 충분한 양을 배부르게 먹는다면, 체중 증가를 피하면

많은 사람들이 감자엔 탄수화물만 있다고 생각하지만,
감자로 2,600칼로리를 섭취할 경우 무려 72g의 단백질을 섭취하게 되고,
필수 아미노산 또한 전혀 부족하지 않다.
사진 Pixabay 제공 @1195798

서 충분한 단백질을 섭취하고, 다양한 영양소도 풍부하게 섭취할 수 있어요. 그리고 최상의 건강 상태를 유지할 수 있습니다.

섭취하는 단백질
총량이 중요

한편, 한국영양학회는 한국인이 서양인에 비해 식물성 단백질을 더 많이 섭취하기 때문에 단백질을 10%가량 더 먹을 것을 권하고 있어요. 식물성 단백질은 동물성 단백질에 비해 소화 흡수율이 떨어지기 때문에 더 많이 먹어야 한다는 거죠. 하지만 이는 단백질 소화 흡수에 대해 잘못 이해한 권고입니다.

많은 사람들이 위장관을 통해 흡수되는 단백질은 우리가 먹은 음식의 단백질이라고 생각합니다. 하지만 위장관에서 흡수되는 단백질 중 음식의 단백질은 30%에 불과하고, 나머지 70%는 우리 몸에서 분비되거나 떨어져 나간 단백질입니다. 우리가 14g의 단백질을 먹으면, 우리 몸에서는 점액이나 소화 효소, 장 상피 세포 등의 형태로 15g의 단백질이 분비돼 총 29g의 단백질 혼합체가 됩니다. 그러면 소장에서 26g이 흡수되고, 남은 3g은 대장으로 넘어갑니다. 대장에 넘어간 3g의 단백질은 다시 대장에서 분비된 점액 및 장 상피 세포 형태의 단백질 17g과 섞여 20g의 혼합체가 되고, 그중 18g이 대장에서 흡수되고, 남은 2g은 대변으로 배설됩니다.

보통 이때 소화 흡수율은 음식으로 먹은 단백질 14g에서 대변으로 배설된 2g을 뺀 12g을 14g으로 나눈 값으로 계산됩니다. 대변으로 배설되는 단백질이 많으면 소화 흡수율이 낮다고 평가되는 겁니다. 하지만 대변으로 배설된 2g이 전적으로 식이 단백질의 잔여물이라고 단정할 수 없기 때문에 소화 흡수율이라는 개념 자체가 부정확할 수밖에 없죠.

또한 식물성 식품을 많이 먹으면 식이 섬유 섭취가 늘어 장내 세균이 활발히 증식하게 되는데, 그로 인해 대변 중 세균의 양이 늘면서 단백질 양도 증가하게 됩니다. 즉, 식물성 식품을 많이 먹어서 대변 내 단백질 양이 늘었다 하더라도, 식물성 단백질의 소화 흡수율이 낮다고 단정할 수 없고, 이를 근거로 더 많은 단백질을 먹어야 한다고 권고할 수 없는 거죠.

이런 이유로 세계보건기구는 동물성이든 식물성이든 단백질 총량을 충분히 섭취할 것을 권합니다. 식물성 식품만 먹더라도 섭취하는 단백질 총량만 충분하면 단백질 부족을 걱정할 필요는 전혀 없어요.

칼슘의 역설

건강한 식물성 식품들로 식단을 구성하면 건강에 좋을 것 같다고 생각하면서도 칼슘은 부족하지 않을까 걱정할 수도 있을 겁니다. 칼슘 하면 우유인데, 우유도 먹지 않는 것이 좋다고 하니 말이죠. 물론 청소년기에 충분한 양의 칼슘을 섭취하는 것은 중요합니다. 키가 부쩍부쩍 크니 그만큼 뼈도 더 만들어야 할 테니까요. 하지만 칼슘을 꼭 우유나 유제품을 통해 섭취할 필요는 없습니다.

하버드대학 의과대학에서는 칼슘은 중요하지만 우유가 유일한 공급원이거나 더군다나 최고의 공급원은 아니고, 일반적으로 권장되는 만큼 칼슘이 필요한지도 분명하지 않다고 주장합니다. 그러면서 우유 이외에 칼슘이 풍부한 다양한 초록 잎채소의 섭취를 권합니다. 그렇다면 왜 하버드대학 의과대학은 칼슘을 과하지 않게, 우유 이외의 식물성 식품으로 섭취하라고 권할까요?

칼슘과 뼈 건강과 관련하여 '칼슘 역설Calcium paradox'이라는 현상이 관찰됩니다. 전 세계 여러 나라의 칼슘 섭취량과 고관절 골절 발생률을 비교해 보면, 칼슘 섭취량이 많은 나라일수록 골절이 많이 발생하는 겁니다. 북유럽, 북미, 영국, 호주 등의 나라는 다른 아시아, 아프리카 지역보다 칼슘을 2배 이상 많이 먹지만 골절은 3~4배 더 많이 발생하고, 오히려 뼈의 주성분인 칼슘을 적게 섭취하는 나라일수록 뼈가 덜 부러지는 현상이 관찰되는 거죠. 뼈 건강에 있어서 칼슘보다 더 중요한 무언가가 있다는 겁니다.

고관절 골절 발생률을 동물성 단백질과 식물성 단백질 섭취량에 따라 그래프를 그리면 아주 흥미로운 현상이 관찰됩니다. 식물성 단백질 섭취가 많은 나라에서는 골절이 적게 발생하는데, 동물성 단백질 섭취가 많은 나라에서는 골절이 많이 발생하는 겁니다. 식물성 단백질을 동물성 단백질에 비해 2배 이상 많이 먹는 나라들에서는 골절이 거의 발생하지 않지만, 동물성 단백질을 식물성 단백질보다 더 많이 먹는 나라들에서는 골절이 기하급수적으로 증가합니다. 그 이유는 동물성 단백질이 혈액을 산성화시켜 뼈의 칼슘이 녹아 나오게 만들기 때문입니다.

반면 식물성 단백질은 혈액을 알칼리화시켜 칼슘이 뼈에 그대로 있게 만듭니다. 물론 단백질 자체만 영향을 미치는 것이 아닙니다. 식물성 식품은 다양한 성분이 혈액을 알칼리화시키기 때문에 뼈를 더 튼튼하게 만들 수 있지만, 동물성 식품은 그런 성분이 없어 뼈를 약하게 만들 수 있습니다. 즉, 아무리 우유를 통해 칼슘을 많이 먹더라도 동물성 식품을 많이 먹으면, 뼈에서 칼슘이 빠져나가는 '밑 빠진 독'이 돼 버려 뼈가 쉽게 부러지는 거죠. 실제로 우유를 많이 먹는다고 골절이 예방된다는 연구 결과는 거의 없습니다.

우유가 뼈를 튼튼하게 만드는지는 한국과 미국을 비교해 봐도 금방 판단할 수 있습니다. 한국인은 하루 평균 29.1g의 우유를 먹지만, 미국인은 그보다 22배나 많은 639.4g을 먹고 있습니다. 그런데 고관절 골절은 미국이 남녀 각각 1.4배, 2.1배 더 많이 발생합니다. 만약 우리가 미국인처럼 우유를 더 많이 먹으면 뼈가 건강해질까요? 답은 이미 나와 있습니다. 미국인 수준으로 뼈가 더 많이 부러지게 될 겁니다.

물론 그럼에도 불구하고 충분한 양의 칼슘 섭취는 중요합니다. 여러 연구 결과를 보면 매일 최소 500mg의 칼슘을 섭취해야 합니다. 아무리 동물성 단백질을 먹지 않는다 하더라도 이보다 칼슘을 적게 섭취하면 뼈가 약해질 수밖에 없습니다. 식물성 식품 중에는 미역, 톳, 다시마, 김 등 다양한 해조류와 모싯잎(모싯잎떡), 고춧잎, 케일, 깻잎, 아욱 등 초록 잎채소나, 우거지, 무말랭이, 호박고지 등 건채소, 다양한 콩류, 현미와 같은 통곡물, 오렌지, 키위, 자두 등의 과일에 칼슘이 풍부합니다. 실제로 매일 채소 과일을 하루 권장량 이상 먹으면 채소 과일을 거의 먹지 않는 사람들에 비해 골절 발생이 절반 정도로 감소합니다.

성장기에 뼈를 튼튼하게 만들기 위해서는 식물성 식품으로 충분한 칼슘을 섭취하는 것이 필요합니다. 만약 충분한 양을 먹기 어렵다면 칼슘 보충제를 먹을 수도 있습니다. 그리고 동물성 단백질 섭취를 최소한으로 줄여야 합니다.

사진 Pixabay 제공 @pixel2013

사진 Pixabay 제공 @ExplorerBob

칼슘은 식물성 식품 중에는 미역, 톳, 다시마, 김 등 다양한 해조류와 모싯잎(모싯잎떡), 고춧잎, 케일, 깻잎, 아욱 등 초록 잎채소나, 우거지, 무말랭이, 호박고지 등 건채소, 다양한 콩류, 현미와 같은 통곡물 등에 풍부하다. 또 견과류 중에는 아몬드에 칼슘이 풍부하다.

마지막으로 열심히 운동을 해야 합니다. 뼈가 튼튼해질 필요성을 느낄 수 있도록 몸을 움직여야 뼈가 튼튼해집니다. 너무 오랫동안 책상에 앉아 있는 것은 뼈를 약하게 만드는 원인이 될 수 있습니다. 더불어 낮에 20~30분 정도 햇볕을 쬐는 것이 좋습니다. 햇볕은 어떤 영양제보다 효과적으로 혈중 비타민D 수준을 높이는데, 이로 인해 칼슘 흡수가 증가하고, 뼈가 더 튼튼해집니다.

돈가스 때문에 폐암에 걸린다고?

2021년 3월, 학교 급식실에서 15년간 일한 여성 조리 종사자가 폐암에 걸려 산업 재해로 인정받았습니다. 이후 2022년 3월까지 31명의 학교 급식 종사자들이 폐암에 걸려 산업 재해 신청을 했고, 그중 13명이 승인을 받았어요. 왜 학교 급식실에서 일하면 폐암에 걸리게 될까요? 가장 큰 원인은 튀긴 음식입니다.

여러분은 급식 시간에 잠시 식당에서 밥을 먹고 나가지만, 급식 종사자들은 음식을 준비하기 위해 몇 시간씩 조리실에서 일을 합니다. 재료를 손질하고, 조리하고, 설거지하고, 청소하지요. 그런데 음식을 튀기거나, 볶거나, 구울 때 조리 흄cooking fumes이라는 발암 물질이 발생한다고 해요.

특히 튀긴 음식을 할 때는 앞이 보이지 않을 정도로 조리 흄이 많이 발생합니다. 그런데 학생들이 돈가스나 오징어튀김 등 각종 튀긴 음식을 좋아하다 보니 급식 종사자들은 하루에 1~2시간씩 이 조리 흄에 고농도로 노출돼 왔던 겁니다.

국제암연구소에서는 이 조리 흄을 담배 연기와 마찬가지로 발암 물질로 규정하고 있어요. 생각해 보세요. 매일 1~2시간씩 앞이 보이지 않을 정도로 부연 담배 연기를 들이마시면서 10년 이상 지내면 어떻게 될까요?

특히 학교 급식실은 다른 급식실보다 훨씬 노동 강도가 높아요. 병원이나 공공 기관의 급식실에서는 조리 인력 1명당 67명의 식사를 준비하지만, 학교에서는 120~150명 정도의 식사를 준비한다고 해요.

조리 흄은 식용유를 이용해 튀길 때뿐만 아니라 제육볶음, 생선구이 등 지방이 많은 동물성 식품을 굽거나 볶을 때도 많이 발생해요. 만약 학생과 학부모들이 지금과 같이 계속 튀긴 고기나 생선 반찬을 요구한다면, 급식 종사자들의 폐암은 계속 발생할 겁니다. 하지만 기름기가 많은 동물성 식품 반찬을 줄이고, 식용유로 튀기거나 볶은 음식 반찬을 줄여 나간다면 급식 종사자들의 폐암도 줄일 수 있을 거예요. 이 사실을 잊지 말아야 합니다.

에코 라이프 02

채식하는 이유

초판 1쇄 발행 2022년 8월 22일
초판 3쇄 발행 2023년 10월 17일

지은이 황윤, 최훈, 안백린, 전범선, 이의철
표지 일러스트 최도은
펴낸이 이수미
편집 이해선
디자인 소요 이경란
마케팅 김영란, 임수진

종이 세종페이퍼 **인쇄** 두성피엔엘 **유통** 신영북스

펴낸곳 나무를 심는 사람들
출판신고 2013년 1월 7일 제2013-000004호
주소 서울시 용산구 서빙고로 35 103동 804호
전화 02-3141-2233 **팩스** 02-3141-2257
이메일 nasimsabooks@naver.com
블로그 blog.naver.com/nasimsabooks
인스타그램 @nasimsabook

ⓒ 황윤, 최훈, 안백린, 전범선, 이의철 2022

ISBN 979-11-90275-74-3 (44300)
     979-11-90275-72-9 (세트)